coleção fábula

Blaise Cendrars

Diário de bordo

Edição bilíngue

Tradução de Samuel Titan Jr.

editora■34

Sumário

I. O *Formose*
p. 9

II. São Paulo
p. 103

III.
p. 109

Sul-americanas
p. 149

Poemas inéditos

II. São Paulo
p. 161

IV. Na fazenda
p. 173

V. Vieram os homens
p. 177

VII. O *Gelria*
p. 185

À margem de *Diário de bordo*
p. 189

Notas
p. 195

Ce livre est dédié
à
mes bons amis de São Paulo

PAUL PRADO
MARIO ANDRADE, SERGE MILLIET,
TASTO DE ALMEIDA, COUTO DE BARROS,
RUBENS DE MORAES, LUIZ ARANHA,
OSWALD DE ANDRADE, YAN

et
aux amis de Rio-de-Janeiro

GRAÇA ARANHA
SÉRGIO BUARQUE DE HOLANDA,
PRUDENTE DE MORAIS, GUILERMO DE ALMEIDA,
RONALD DE CARVALHO, AMERICO FACO

sans oublier
l'inimitable et cher

LEOPOLD DE FREITAS
du Rio-Grande-do-Sul

Este livro é dedicado
aos
meus bons amigos de São Paulo,

PAULO PRADO
MÁRIO DE ANDRADE, SÉRGIO MILLIET,
TÁCITO DE ALMEIDA, COUTO DE BARROS,
RUBENS DE MORAES, LUIZ ARANHA,
OSWALD DE ANDRADE, YAN

e
aos amigos do Rio de Janeiro

GRAÇA ARANHA
SÉRGIO BUARQUE DE HOLANDA,
PRUDENTE DE MORAES, GUILHERME DE ALMEIDA,
RONALD DE CARVALHO, AMÉRICO FACÓ

sem esquecer
o inimitável e querido

LEOPOLDO DE FREITAS
do Rio Grande do Sul

I. LE *FORMOSE*

Dans le rapide de 19h40

Voici des années que je n'ai plus pris le train
J'ai fait des randonnées en auto
En avion
Un voyage en mer et j'en refais un autre un plus long

Ce soir me voici tout à coup dans ce bruit de chemin de fer qui
        [m'était si familier autrefois
Et il me semble que je le comprends mieux qu'alors

Wagon-restaurant
On ne distingue rien dehors
Il fait nuit noire
Le quart de lune ne bouge pas quand on le regarde
Mais il est tantôt à gauche, tantôt à droite du train

Le rapide fait du 110 à l'heure
Je ne vois rien
Cette sourde stridence qui me fait bourdonner les tympans — le gauche
        [en est endolori — c'est le passage d'une tranchée maçonnée
Puis c'est la cataracte d'un pont métallique
La harpe martelée des aiguilles la gifle d'une gare le double
        [crochet à la mâchoire d'un tunnel furibond
Quand le train ralentit à cause des inondations on entend un
        [bruit de water-chute et les pistons échauffés de la cent tonnes
        [au milieu des bruits de vaisselle et de frein

I. O *FORMOSE*

No rápido das 19h40

Já faz anos que não pego um trem
Andei por aí de carro
De avião
Fiz uma viagem de barco e agora outra mais longa

De repente cá estou eu agora à noite no meio deste barulho
      [de ferrovia que me era tão familiar em outros tempos
E acho que o compreendo melhor que antes

Vagão-restaurante
Não há quem distinga nada lá fora
A noite é negra
O quarto de lua não se mexe quando a gente olha
Mas ora está à esquerda, ora à direita do trem

O expresso faz 110 por hora
Não vejo nada
Essa surda estridência que me faz zumbir os tímpanos
      [— o esquerdo fica dolorido — é a passagem por um talude
Depois vem a catarata de uma ponte metálica
A harpa martelada das agulhas o tapa de uma estação o duplo gancho
      [no maxilar de um túnel furibundo
Quando o trem diminui por causa das inundações a gente ouve um
      [barulho de queda d'água e os pistões da locomotiva de cem
      [toneladas entre ruídos de louça e de freio

Le Havre autobus ascenseur
J'ouvre les persiennes de la chambre d'hôtel
Je me penche sur les bassins du port et la grande lueur froide
    [d'une nuit étoilée
Une femme chatouillée glousse sur le quai
Une chaîne sans fin tousse geint travaille

Je m'endors la fenêtre ouverte sur ce bruit de basse-cour
Comme à la campagne

Réveil

Je dors toujours les fenêtres ouvertes
J'ai dormi comme un homme seul
Les sirènes à vapeur et à air comprimé ne m'ont pas trop réveillé

Ce matin je me penche par la fenêtre
Je vois
Le ciel
La mer
La gare maritime par laquelle j'arrivais de New York en 1911
La baraque du pilotage
Et
À gauche
Des fumées des cheminées des grues des lampes à arc à contre-jour

Le premier tram grelotte dans l'aube glaciale
Moi j'ai trop chaud
Adieu Paris
Bonjour soleil

O Havre ônibus elevador
Abro as persianas do quarto de hotel
Me debruço sobre as docas do porto e o clarão frio
    [de uma noite estrelada
Uma mulher provocada cacareja no cais
Uma corrente sem fim tosse geme trabalha

Durmo com a janela aberta para esse barulho de quintal
Como na roça

Despertar

Durmo sempre com as janelas abertas
Dormi como um homem só
As sirenes a vapor ou ar comprimido não me acordaram além da conta

Agora de manhã eu me debruço na janela
E vejo
O céu
O mar
O terminal marítimo por onde cheguei de Nova York em 1911
A cabine do prático
E
À esquerda
Rolos de fumaça chaminés guindastes lâmpadas de arco à contraluz

O primeiro bonde tirita na alvorada glacial
E eu morrendo de calor
Adeus Paris
Bom dia sol

Tu es plus belle que le ciel et la mer

Quand tu aimes il faut partir
Quitte ta femme quitte ton enfant
Quitte ton ami quitte ton amie
Quitte ton amante quitte ton amant
Quand tu aimes il faut partir

Le monde est plein de nègres et de negrèsses
Des femmes des hommes des hommes des femmes
Regarde les beaux magasins
Ce fiacre cet homme cette femme ce fiacre
Et toutes les belles marchandises

Il y a l'air il y a le vent
Les montagnes l'eau le ciel la terre
Les enfants les animaux
Les plantes et le charbon de terre

Apprends à vendre à acheter à revendre
Donne prends donne prends
Quand tu aimes il faut savoir
Chanter courir manger boire
Siffler
Et apprendre à travailler

Quand tu aimes il faut partir
Ne larmoie pas en souriant
Ne te niche pas entre deux seins
Respire marche pars va t'en

Tu és mais bonita que o céu e o mar[1]

Quando se ama é hora de partir
Deixa tua mulher deixa teu filho
Deixa teu amigo deixa tua amiga
Deixa tua amante deixa teu amante
Quando se ama é hora de partir

O mundo está repleto de negros e negras
De mulheres de homens de homens de mulheres
Olha as lojas elegantes
Este fiacre este homem esta mulher este fiacre
E todas as belas mercadorias

Tem o ar tem o vento
As montanhas a água o céu a terra
As crianças os animais
As plantas e o carvão de rocha

Aprende a vender a comprar a revender
Toma lá dá cá
Quando se ama é bom saber
Cantar correr comer beber
Assobiar
E aprender a trabalhar

Quando se ama é hora de partir
Nada de lacrimejar sorridente
Nada de se aninhar entre dois seios
Respira caminha parte vá sem medo

Je prends mon bain et je regarde
Je vois la bouche que je connais
La main la jambe Le l'oeil
Je prends mon bain et je regarde

Le monde entier est toujours là
Le vie pleine de choses surprenantes
Je sors de la pharmacie
Je descends juste de la bascule
Je pèse mes 80 kilos
Je t'aime

Lettre

Tu m'as dit si tu m'écris
Ne tape pas tout à la machine
Ajoute une ligne de ta main
Un mot un rien oh pas grand'chose
Oui oui oui oui oui oui oui oui

Ma Remington est belle pourtant
Je l'aime beaucoup et travaille bien
Mon écriture est nette et claire
On voit très bien que c'est moi qui l'ai tapée

Il y a des blancs que je suis seul à savoir faire
Vois donc l'oeil qu'a ma page
Pourtant pour te faire plaisir j'ajoute à l'encre
Deux trois mots
Et une grosse tache d'encre
Pour que tu ne puisses pas les lire

Tomo meu banho e contemplo
Vejo a boca que conheço
A mão a perna o... o olho
Tomo meu banho e contemplo

O mundo inteiro está sempre aí
A vida cheia de coisas surpreendentes
Eu saio da farmácia
Eu acabo de me pesar na balança
Eu peso meus 80 quilos
Eu te amo

Carta

Você me disse se for me escrever
Não vá bater tudo à máquina
Ponha no fim uma linha à mão
Uma palavra um nada uma coisinha
Sim meu bem sim meu bem sim

Mas a minha Remington é uma beleza
Gosto muito e trabalho bem com ela
O texto sai nítido e claro
Logo se vê que fui eu que bati

Há espaços em branco que só eu sei fazer
Veja só a pinta que tem a minha página
Mas para agradar eu acrescento à tinta
Duas ou três palavras
E um belo borrão de tinta
Para você não ter como ler

Clair de lune

On tangue on tangue sur le bateau
La lune la lune fait des cercles dans l'eau
Dans le ciel c'est le mât qui fait des cercles
Et désigne toutes étoiles du doigt

Une jeune Argentine accoudée au bastingage
Rêve à Paris en contemplant les phares qui dessinent la côte de France
Rêve à Paris qu'elle ne connaît qu'à peine et qu'elle regrette déjà
Ces feux tournants fixes doubles colorés à éclipses qui rappellent
        [ceux qu'elle voyait de sa fenêtre d'hôtel sur les Boulevards
        [et lui promettent un prompt retour
Elle rêve de revenir bientôt en France et d'habiter Paris
Le bruit de ma machine à écrire l'empêche de mener ce rêve
        [jusqu'au bout

Ma belle machine à écrire qui sonne au bout de chaque ligne et
        [qui est aussi rapide qu'un jazz
Ma belle machine à écrire qui m'empêche de rêver à bâbord
        [comme à tribord
Et qui me fait suivre jusqu'au bout une idée
Mon idée

Luar

Todo mundo balança que balança a bordo
A lua a lua desenha círculos na água
No céu é o mastro que desenha círculos
E designa todas as estrelas com o dedo

Uma jovem argentina de cotovelos na balaustrada
Sonha com Paris contemplando os faróis que marcam a costa da França
Sonha com Paris que ela mal conhece e que já lhe faz falta
Esses fogos giratórios fixos duplos coloridos intermitentes que lembram
        [os que ela via da janela do hotel dando para os bulevares
        [e que lhe prometem pronto retorno
Ela sonha com voltar logo para a França e morar em Paris
O barulho da minha máquina de escrever impede-a de levar o sonho
        [até o fim

Minha bela máquina de escrever que tilinta ao fim de cada linha
        [e que é rápida como um jazz
Minha bela máquina de escrever que me impede de devanear
        [a bombordo como a estibordo
E que me faz seguir até o fim uma ideia
A minha ideia

La Pallice

La Pallice et l'Ile de Ré sont posées sur l'eau et peintes
Minutieusement
Comme ces stores des petits bistros bretons des environs de la gare
        [Montparnasse
Ou ces aquarelles infâmes que vend boulevard de la Madeleine
        [un rapin hirsute habillé de velours qui a les deux mains
        [nouées depuis sa naissance qui peint avec les coudes et qui
        [vous fait le boniment à travers son bec-de-lièvre
Les vérités de La Pallice

Bilbao

Nous arrivons bien avant l'aube dans la rade de Bilbao
Une crique de montagnes basses et de collines à contre-jour
        [noir velours piqué des lumières de la ville
Ce décor simple et bien composé me rappelle et au risque de
        [passer pour un imbécile puisque je suis en Espagne je le
        [repète me rappelle un décor de Picasso

Il y a des barquettes montées par deux hommes seulement et
        [munies d'une toute petite voile triangulaire qui prennent
        [déjà le large
Deux marsouins font la roue
Dès que le soleil se lève de derrière les montagnes
Ce décor si simple
Est envahi
Par un déluge de couleurs
Qui vont de l'indigo au pourpre
Et qui transforment Picasso en expressionniste allemand
Les extrêmes se touchent

La Pallice[2]

La Pallice e a ilha de Ré estão depositadas sobre as águas e pintadas
Minuciosamente
Como esses toldos de bistrôs bretões nos arredores da estação
     [Montparnasse
Ou essas aquarelas infames que vende no bulevar da Madeleine um
     [pintor de segunda que tem as mãos deformadas de nascença
     [que pinta com os cotovelos e que capricha na conversa
     [fiada pelo lábio leporino
Suas platitudes de La Pallice

Bilbao

Chegamos muito antes da aurora à baía de Bilbao
Uma enseada de montanhas baixas e colinas à contraluz
     [negro veludo pontilhado pelas luzes da cidade
Esse cenário simples e bem composto me recorda sob o risco de
     [passar por imbecil uma vez que estou na Espanha
     [me recorda como eu dizia um cenário de Picasso

Há barquinhos tripulados por dois homens apenas e munidos
     [de uma pequena vela triangular que já cedo
     [se fazem ao largo
Dois golfinhos fazem arte
Assim que o sol se levanta atrás das montanhas
Esse cenário tão simples
É invadido
Por um dilúvio de cores
Que vão do índigo ao púrpura
E que transformam Picasso em expressionista alemão
Os extremos se tocam

La Corugna

Un phare attendri comme une madone géante
De l'extérieur c'est une jolie petite ville espagnole
À terre c'est un tas de fumier
Deux trois gratte-ciel y poussent

Villa Garcia

Trois croiseurs rapides un navire hôpital
Le pavillon anglais
Des signaux optiques lumineux
Deux carabinieros dorment sur les fauteuils du pont
Enfin nous partons
Dans les vents sucrés

Porto Leixoes

On arrive tard et c'est dimanche
Le port est un fleuve déchaîné
Les pauvres émigrants qui attendent que les autorités viennent
        [à bord sont rudement secoués dans de pauvres petites barques
        [qui montent les unes sur les autres sans couler
Le port a un oeil malade l'autre crevé
Et une grue énorme s'incline comme un canon à longue portée

La Coruña

Um farol enternecido como uma madona gigante
De fora é uma graça de cidadezinha espanhola
Em terra é um monte de esterco
Onde medram dois ou três arranha-céus

Vilagarcía

Três cruzadores rápidos um navio-hospital
O pavilhão inglês
Sinais ópticos luminosos
Dois carabineiros dormem nas poltronas do convés
Enfim partimos
Ao sabor dos ventos de açúcar

Porto de Leixões

Chegamos tarde e é domingo
O porto é um rio desvairado
Os pobres emigrantes que esperam que as autoridades subam a bordo
          [são chacoalhados sem dó nos barquinhos que sobem
          [uns por cima dos outros sem afundar
O porto tem um olho doente o outro vazado
E um guindaste enorme inclina-se como um canhão de longo alcance

Sur les côtes du Portugal

Du Havre nous n'avons fait que suivre les côtes comme les
[navigateurs anciens
Au large du Portugal la mer est couverte de barques et de chalutiers
[de pêche
Elle est d'un bleu constant et d'une transparence pélagique
Il fait beau et chaud
Le soleil tape en plein
D'innombrables algues vertes microscopiques flottent à la surface
Elles fabriquent des aliments qui leur permettent de se multiplier
[rapidement
Elles sont l'inépuisable provende vers laquelle accourt la légion
[des infusoires et des larves marines délicates
Animaux de toutes sortes
Vers étoiles de mer oursins
Crustacés menus
Petit monde grouillant près de la surface des eaux toute pénétrée
[de lumière
Gourmands et friands
Arrivent les harengs les sardines les maquereaux
Que poursuivent les germons les requins les dauphins
Le temps est clair la pêche est favorable
Quand le temps se voile les pêcheurs sont mécontents et font
[entendre leurs lamentations jusqu'à la tribune du parlement

Ao largo de Portugal

Desde o Havre não fizemos outra coisa senão seguir ao longo
    [das costas como os navegadores antigos
Ao largo de Portugal o mar está coberto de barcos e traineiras
    [de pesca
O mar é de um azul constante e de uma transparência pelágica
O tempo é bom e faz calor
O sol bate de rijo
Inumeráveis algas verdes microscópicas flutuam à superfície
Elas fabricam alimentos que lhes permitem multiplicar-se
    [rapidamente
Elas são a inesgotável ração à qual acorre a legião dos infusórios
    [e das delicadas larvas marinhas
Animais de toda espécie
Vermes estrelas-do-mar ouriços
Crustáceos miúdos
Mundinho fervilhante rente à superfície das águas toda penetrada
    [de luz
Gulosos e glutões
Chegam os arenques as sardinhas as cavalinhas
Perseguidos por albacoras tubarões golfinhos
O dia está claro a pescaria é boa
Quando o tempo se encobre os pescadores reclamam e fazem ouvir
    [suas lamentações até nas tribunas do parlamento

En route pour Dakar

L'air est froid
La mer est d'acier
Le ciel est froid
Mon corps est d'acier
Adieu Europe que je quitte pour la première fois depuis 1914
Rien ne m'intéresse plus à ton bord pas plus que les émigrants
        [de l'entrepont juifs russes basques espagnols portugais
        [et saltimbanques allemands qui regrettent Paris
Je veux tout oublier ne plus parler tes langues et coucher avec des
        [nègres et des négresses des indiens et des indiennes des
        [animaux des plantes
Et prendre un bain et vivre dans l'eau
Et prendre un bain et vivre dans le soleil en compagnie d'un gros
        [bananier
Et aimer le gros bourgeon de cette plante
Me segmenter moi-même
Et devenir dur comme un caillou
Tomber à pic
Couler à fond

A caminho de Dakar

O ar está frio
O mar é de aço
O céu está frio
Meu corpo é de aço
Adeus Europa que deixo para trás pela primeira vez desde 1914
Nada mais me interessa a teu bordo como não interessa aos emigrantes
    [no convés inferior judeus russos bascos espanhóis portugueses
    e saltimbancos alemães que sentem saudade de Paris
Quero esquecer tudo não falar mais tuas línguas e ir para a cama
    [com negros e negras índios e índias animais plantas
E tomar um banho e viver na água
E tomar um banho e viver ao sol na companhia de uma grande
    [bananeira
E gostar do broto graúdo dessa planta
Segmentar a mim mesmo
E ficar duro como um seixo
Cair a pique
Ir a fundo

35° 57' latitude Nord
15° 16' longitude Ouest

C'est aujourd'hui que c'est arrivé
Je guettais l'événement depuis le début de la traversée
La mer était belle avec une grosse houle de fond qui nous faisait rouler
Le ciel était couvert depuis le matin
Il était 4 heures de l'après-midi
J'étais en train de jouer aux dominos
Tout à coup je poussai un cri et courus sur le pont
C'est ça c'est ça
Le bleu d'oultremer
Le bleu perroquet du ciel
Atmosphère chaude
On ne sait pas comment cela s'est passé et comment définir la chose
Mais tout monte d'un degré de tonalité
Le soir j'en avais la preuve par quatre
Le ciel était maintenant pur
Le soleil couchant comme une roue
La pleine lune comme une autre roue
Et les étoiles plus grandes plus grandes

Ce point se trouve entre Madère à tribord et Casablanca
        [à bâbord
Déjà

En vue de l'île de Fuerteventura

Tout a encore grandi depuis hier
L'eau le ciel la pureté de l'atmosphère
Les îles Canaires ont l'aspect des rives du Lac de Côme
Des traînées de nuages sont comme des glaciers
Il commence à faire chaud

35° 57' latitude Norte
15° 16' longitude Oeste

Foi hoje que aconteceu
Eu espreitava o acontecimento desde o começo da travessia
O mar estava bonito com grandes ondas que nos faziam balançar
O céu estava encoberto desde a manhã
Eram 4 horas da tarde
Eu estava jogando dominó
De repente soltei um grito e corri pelo convés
É isso é isso
O azul ultramarino
O azul papagaio do céu
Atmosfera quente
Não se sabe como aconteceu e como definir a coisa
Mas tudo sobe um tom
Tive a prova dos nove à noite
O céu agora estava límpido
O sol poente parecia uma roda
A lua cheia parecia outra roda
E as estrelas maiores que nunca

Esse ponto se encontra entre a Madeira a estibordo e Casablanca
    [a bombordo
Já

À vista da ilha de Fuerteventura

Tudo cresceu ainda mais desde ontem
A água o céu a limpidez da atmosfera
As ilhas Canárias parecem as margens do lago de Como
As estrias de nuvens são como geleiras
Começa a fazer calor

À bord du *Formose*

Le ciel est noir strié de bandes lépreuses
L'eau est noire
Les étoiles grandissent encore et fondent comme des cierges
      [larmoyants
Voici ce qui se passe à bord

Sur le gaillard avant quatre Russes sont installés dans un paquet
      [de cordages et jouent aux cartes à la lueur d'une lanterne
      [vénitienne

Sur la plage avant les Juifs en minorité comme chez eux en
      [Pologne se tassent et cèdent le pas aux Espagnols qui jouent
      [de la mandoline chantent et dansent la jota

Sur le château les émigrants portugais font une ronde paysanne
      [un homme noir frappe deux longues castagnettes en os et les
      [couples rompent la ronde évoluent se retournent frappent du
      [talon tandis qu'une voix criarde de femme monte

Les passagers des premières regardent presque tous et envient
      [ces jeux populaires

Au salon une Allemande prétentieuse joue du violon avec
      [beaucoup de chichi avec beaucoup de chichi une jeune
      [Française prétentieuse l'accompagne au piano

Sur le pont-promenade va et vient un Russe mystérieux officier
      [de la garde grand-duc incognito personnage à la Dostoïewsky
      [que j'ai baptisé Dobro-Vétcher c'est un petit bonhomme
      [triste ce soir il est pris d'une certaine agitation nerveuse il
      [a mis des escarpins vernis un habit à basques et un énorme
      [melon comme mon père en portait en 1895

A bordo do *Formose*

O céu está escuro estriado de faixas leprosas
A água está escura
As estrelas crescem ainda mais e derretem como círios
        [lacrimejantes
Eis aqui o que se passa a bordo

No castelo de proa quatro russos se instalaram num rolo de cordame
        [e jogam baralho à luz de uma lanterna veneziana

Na coberta de proa os judeus em minoria como na Polônia se apertam
        [e cedem passagem aos espanhóis que tocam mandolina
        [cantam e dançam a *jota*

No tombadilho os emigrantes portugueses dançam uma ronda
        [camponesa um homem moreno toca duas grandes castanholas
        [de osso e os casais rompem o círculo evoluem giram batem
        [no chão com o calcanhar enquanto se eleva uma voz esganiçada
        [de mulher

Quase todos os passageiros de primeira classe observam
        [e invejam esses folguedos populares

No salão uma alemã pretensiosa toca violino toda cheia de fricotes
        [toda cheia de fricotes uma jovem francesa pretensiosa
        [a acompanha ao piano

Sobre o convés de passeio vai e vem um russo misterioso oficial
        [da guarda grão-duque incógnito personagem à Dostoiévski que
        [eu batizei de Dobro-Vétcher um homenzinho triste hoje
        [à noite tomado de certa agitação nervosa vestindo escarpins
        [envernizados um fraque e um enorme chapéu-coco como
        [os que usava meu pai em 1895

Au fumoir on joue aux dominos un jeune médecin qui
      [ressemble à Jules Romains et qui se rend dans le haut
      [Soudan un armurier belge qui descendra à Pernambuco
      [un Hollandais le front coupé en deux hémisphères par une
      [cicatrice profonde il est directeur du Mont-de-Piété de
      [Santiago del Chile et une jeune théâtreuse de Ménilmontant
      [peuple gavrocharde qui s'occupe d'un tas de combines
      [dans les autos elle m'offre même une mine de plomb
      [au Brésil et un puits de pétrole à Bakou

Sur le château-arrière les émigrants allemands bien propres et
      [soigneusement peignés chantent avec leurs femmes et leurs
      [enfants des cantiques durs et des chansons sentimentales

Sur le pont-arrière on discute très fort et se chamaille dans toutes
      [les langues de l'est européen

Dans la cambuse les Bordelais font une manille et dans son poste
      [l'opérateur de T. S. F. s'engueule avec Santander et Mogador

No fumoir jogam dominó um jovem médico que se parece com
[Jules Romains e que está a caminho do Alto Sudão
[um armeiro belga que desembarcará em Pernambuco um
[holandês de testa cortada em dois hemisférios por uma
[cicatriz profunda e diretor do Montepio de Santiago
[do Chile e uma jovem atriz de Ménilmontant filha do povo
[toda metida em esquemas nas corridas de carros e que
[me oferece uma mina de chumbo no Brasil e um poço
[de petróleo em Baku

No castelo de popa os emigrantes alemães asseados e
[cuidadosamente penteados cantam com as mulheres e os
[filhos uns cânticos duros e umas canções sentimentais

No convés de popa discute-se muito alto e deblatera-se em todas
[as línguas do Leste Europeu

Na despensa a turma de Bordeaux joga manilha e em seu posto
o operador de T. S. F. esbraveja com Santander e Mogador

Lettre-océan

La lettre-océan n'est pas un nouveau genre poétique
C'est un message pratique à tarif régressif et bien meilleur
      [marché qu'un radio
On s'en sert beaucoup à bord pour liquider des affaires que l'on
      [n'a pas eu le temps de régler avant son départ et pour donner
      [des dernières instructions
C'est également un messager sentimental qui vient vous dire
      [bonjour de ma part entre deux escales aussi éloignées que
      [Leixoës et Dakar alors que me sachant en mer pour six jours
      [on ne s'attend pas à recevoir de mes nouvelles
Je m'en servirai encore durant la traversée du sud-atlantique
      [entre Dakar et Rio-de-Janeiro pour porter des messages en
      [arrière car on ne peut s'en servir que dans ce sens-là
La lettre-océan n'a pas été inventée pour faire de la poésie
Mais quand on voyage quand on commerce quand on est à bord
      [quand on envoie des lettres-océan
On fait de la poésie

À la hauteur de Rio de l'Ouro

Les cormorans nous suivent
Ils ont un vol beaucoup plus sûr que les mouettes ce sont des
      [oiseaux beaucoup plus gros ils ont un plus beau plumage blanc
      [bordé de noir brun ou tout noir comme les corneilles de mer
Nous croisons six petits voiliers chargés de sel qui font le service
      [entre Dakar et les Grandes Canaries

Carta-oceano[3]

A carta-oceano não é um novo gênero poético
É uma mensagem prática de tarifa regressiva e bem mais
[barata que um rádio
É muito usada a bordo para liquidar negócios que não houve
[como resolver antes da partida e para transmitir
[as últimas instruções
É também um mensageiro sentimental que vem desejar bom dia
[entre duas escalas tão distantes quanto Leixões e Dakar
[justamente quando sabendo-se que estarei ao largo
[durante seis dias ninguém espera notícias de minha parte
Vou tornar a usá-la na travessia do Atlântico Sul entre Dakar e
[Rio de Janeiro para mandar mensagens para casa
[uma vez que só se pode utilizá-la nessa direção
A carta-oceano não foi inventada para se fazer poesia
Mas quando se viaja quando se comercia quando se está a bordo
[quando se enviam cartas-oceano
O que se faz é poesia

À altura de Rio do Ouro

Os cormorões nos seguem
Eles têm um voo bem mais firme que as gaivotas são pássaros
[bem maiores têm uma bela plumagem branca margeada
[de preto e marrom ou só de preto como as cagarras
Cruzamos seis pequenos veleiros carregados de sal que fazem
[o serviço entre Dakar e as Canárias

En vue du Cap Blanc

L'atmosphère est chaude sans excès
La lumière du soleil filtre à travers un air humide et nuageux
La température uniforme est plutôt élevée
C'est la période que traverse sans doute actuellement
    [la planète Vénus
Ce sont les meilleures conditions pour paresser

Dakar

Enfin nous longeons et tournons autour des Deux Mamelles qui
    [émergeaient depuis ce matin et grandissaient sur l'horizon
Nous les contournons et entrons dans le port de Dakar
Quand on se retourne
On voit une digue rouge un ciel bleu et une plage blanche éblouissante

Gorée

Un château-fort méditerranéen
Et derrière une petite île plate ruines portugaises et bungalows
    [d'un jaune moderne très salon d'automne
Dans cet ancien repaire de négriers n'habitent plus que les
    [fonctionnaires coloniaux qui ne trouvent pas à se loger à
    [Dakar où sévit également la crise des loyers
J'ai visité d'anciens cachots creusés dans la basaltine rouge on voit
    [encore les chaînes et les colliers qui maintenaient les noirs
Des airs de gramophone descendaient jusque dans ces profondeurs

À vista do Cabo Branco

A atmosfera está calorenta sem excessos
A luz do sol é filtrada pelo ar úmido e enevoado
A temperatura média está mais para alta
Deve ser obra do período atravessado atualmente
    [pelo planeta Vênus
São as condições ideais para ficar na preguiça

Dakar

Por fim margeamos a costa e mudamos de rumo à altura das Deux
    [Mamelles que emergiam desde a manhã e cresciam no horizonte
Nós as contornamos e entramos no porto de Dakar
Quando nos viramos
Vemos um dique vermelho um céu azul e uma praia branca de ofuscar

Goreia

Uma praça-forte mediterrânea
E atrás uma ilhota plana ruínas portuguesas e bangalôs de um
    [amarelo moderno bem à Salão de Outono
Nesta antiga parada de negreiros já não vivem mais que os
    [funcionários coloniais que não acham onde morar em
    [Dakar onde grassa igualmente uma crise de aluguéis
Visitei os antigos calabouços escavados no basalto vermelho ainda
    [se veem as correntes e as coleiras que prendiam os negros
Árias de gramofone chegavam até essas profundezas

Oeufs artificiels

En attendant de pouvoir débarquer nous buvons des cocktails
    [au fumoir
Un banquier nous raconte l'installation et le fonctionnement d'une
    [fabrique d'oeufs artificiels établie dans la banlieue de Bordeaux
On fabrique le blanc d'oeuf avec de l'hémoglobine de sang de cheval
Le jaune d'oeuf est fabriqué avec de la farine de maïs très
    [impalpable et des huiles fines
Ce mélange est répandu dans des moules ronds qui passent
    [au frigorifique
Ainsi on obtient une boule jaune que l'on trempe dans du coliure
    [pour qu'une légère pellicule se forme autour
On met autour de ce produit de l'hémoglobine fouettée comme
    [de la crème et le tout retourne au frigo où le blanc d'oeuf
    [artificiel se saisit exposé à une température très basse
Nouveau bain de coliure puis on obtient par un procédé très simple
    [un précipité calcaire qui forme la coquille
Ceci me rappelle que j'ai vu avant la guerre à Düsseldorf des machines
    [à polir culotter et nuancer les grains de café
Et donner ainsi à des cafés de mauvaise qualité l'aspect des grains
    [des cafés d'origine Jamaïque Bourbon Bornéo Arabie etc.

Ovos artificiais

Esperando a hora de desembarcar nós bebemos
    [coquetéis no *fumoir*
Um banqueiro conta a instalação e o funcionamento de uma fábrica
    [de ovos artificiais estabelecida na periferia de Bordeaux
Fabricam a clara com hemoglobina de sangue de cavalo
A gema é fabricada com farinha de milho quase impalpável
    [e óleos filtrados
Essa mistura é vertida em moldes redondos que são
    [levados ao frigorífico
Assim se obtém uma bola amarela que se mergulha em resina
    [para que uma tênue película se forme ao redor
Esse produto é envolvido em hemoglobina batida até virar creme
    [e o conjunto retorna ao frigorífico onde a clara do ovo
    [artificial se firma exposta a uma temperatura muito baixa
Novo banho de resina e então se obtém por um processo muito
    [simples um precipitado calcário que forma a casca
Isso me faz lembrar que vi antes da guerra em Düsseldorf umas
    [máquinas de polir escurecer matizar os grãos de café
E assim dar a cafés de má qualidade o aspecto dos grãos dos cafés
    [de origem Jamaica Bourbon Bornéu Arábia etc.

Les boubous

Oh ces négresses que l'on rencontre dans les environs du village nègre
      [chez les trafiquants qui aunent la percale de traite
Aucune femme au monde ne possède cette distinction cette noblesse
      [cette démarche cette allure ce port cette élégance cette
      [nonchalance ce raffinement cette propreté cette higyène cette
      [santé cet optimisme cette inconscience cette jeunesse ce goût
Ni l'aristocrate anglaise le matin à Hydepark
Ni l'Espagnole qui se promène le dimanche soir
Ni la belle Romaine du Pincio
Ni les plus belles paysannes de Hongrie ou d'Arménie
Ni la princesse russe raffinée qui passait autrefois en traîneau
      [sur les quais de la Néva
Ni la Chinoise d'un bateau de fleurs
Ni les belles dactylos de New York
Ni même la plus parisienne des Parisiennes
Fasse Dieu que durant toute ma vie ces quelques formes entrevues
      [se baladent dans mon cerveau

Chaque mèche de leurs cheveux est une petite tresse de la même
      [longueur ointe peinte lustrée
Sur le sommet de la tête elles portent un petit ornement de cuir
      [ou d'ivoire qui est maintenu par des fils de soie colorés ou
      [des chaînettes de perles vives
Cette coiffure représente des mois de travail et toute leur vie
      [se passe à la faire et à la refaire
Des rangs de piécettes d'or percent le cartilage des oreilles
Certaines ont des incisions colorées dans le visage sous les yeux
      [et dans le cou et toutes se maquillent avec un art prodigieux
Leurs mains sont recouvertes de bagues et de bracelets et toutes
      [ont les ongles peints ainsi que la paume de la main
De lourds bracelets d'argent sonnent à leurs chevilles et les doigts
      [de pieds sont bagués
Le talon est peint en bleu
Elles s'habillent de boubous de différentes longueurs qu'elles

Os bubus

Ah essas negras que se veem nos arredores do vilarejo negro
    [nas lojas dos traficantes que medem o percal de contrabando
Nenhuma mulher no mundo possui essa distinção essa nobreza
    [esse andar essa pose esse porte essa elegância essa indolência
    [esse refinamento essa limpeza essa higiene essa saúde
    [esse otimismo essa inconsciência essa juventude esse gosto
Nem a aristocrata inglesa de manhã no Hyde Park
Nem a espanhola que sai a passeio domingo à noite
Nem a bela romana do Pincio
Nem as mais belas camponesas da Hungria ou da Armênia
Nem a princesa russa refinada que outrora passava de trenó
    [pelas margens do Nievá
Nem a chinesa em seu barco de flores
Nem as belas datilógrafas de Nova York
Nem mesmo a mais parisiense das parisienses
Queira Deus que por toda a minha vida essas poucas formas
    [entrevistas passeiem pelo meu cérebro

Cada mecha de seus cabelos é uma trancinha do mesmo
    [tamanho untada pintada lustrada
No alto da cabeça levam um pequeno enfeite de couro
    [ou de marfim preso por fios de seda colorida ou
    [correntinhas de pérolas vivas
Esse penteado representa meses de trabalho e elas passam
    [a vida fazendo e refazendo tudo
Fieiras de moedinhas de ouro perfuram a cartilagem das orelhas
Algumas levam incisões coloridas no rosto sob os olhos
    [e no pescoço e todas se maquilam com arte prodigiosa
As mãos são cobertas de anéis e de braceletes e todas têm
    [as unhas pintadas assim como a palma da mão
Pesados braceletes de prata tilintam em seus tornozelos e
    [os dedos dos pés levam anéis também
O calcanhar é pintado de azul
Usam bubus de diferentes comprimentos que vestem

[portent les uns par dessus les autres ils sont tous d'impression
[de couleur et de broderies variées elles arrivent à composer
[un ensemble inouï d'un goût très sûr où l'orangé le bleu l'or
[ou le blanc domine
Elles portent aussi des ceintures et de lourds grigris
D'autres plusieurs turbans célestes
Leur bien le plus précieux est leur dentition impeccable et qu'elles
[astiquent comme on entretient les cuivres d'un yacht de luxe
Leur démarche tient également d'un fin voilier
Mais rien ne peut dire les proportions souples de leurs corps ou
[exprimer la nonchalance réfléchie de leur allure

Bijou-concert

Non
Jamais plus
Je ne foutrai les pieds dans un beuglant colonial
Je voudrais être ce pauvre nègre je voudrais être ce pauvre nègre
[qui reste à la porte
Car les belles négresses seraient mes soeurs
Et non pas
Et non pas
Ces sales vaches françaises espagnoles serbes allemandes qui
[meublent les loisirs des fonctionnaires cafardeux en mal d'un
[Paris de garnison et qui ne savent comment tuer le temps
Je voudrais être ce pauvre nègre et perdre mon temps

[uns por cima dos outros todos com estampas coloridas
[e bordados variados elas acabam por compor um
[conjunto inaudito de gosto certeiro em que dominam
[o laranja o azul o ouro ou o branco
Também usam cintos e pesados amuletos
Outras usam vários turbantes azul-celeste
Seu bem mais precioso é a dentição impecável que lustram
[como quem cuida das peças de cobre de um iate de luxo
Seu passo é também como o de um belo veleiro
Mas nada bastaria para dizer as proporções flexíveis de seus
[corpos ou exprimir a indolência pensada de sua pose

Café-concerto

Não
Nunca mais
Não volto a pôr os pés num cabaré colonial
Eu queria ser esse pobre negro eu queria ser esse pobre negro
[que fica parado à porta
E então as belas negras seriam minhas irmãs
E não
E não
Essas sujas vacas francesas espanholas sérvias alemãs que
[mobiliam as folgas dos funcionários melancólicos
[saudosos de uma Paris de guarnição e que não sabem
[o que fazer para matar o tempo
Eu queria ser esse pobre negro e perder meu tempo

Les charognards

Le village nègre est moins moche est moins sale
    [que la zone de Saint-Ouen
Les charognards qui le survolent
    [plongent parfois et le nettoient

Sous les tropiques

Dans ces parages le courant des vagues couvre les rochers d'une
    [abondante floraison animale
Des éponges de toutes sortes
Des polypes si semblables par leur forme à des plantes qu'on les appelle
Des "lys de mer" quand ils ont l'air de fleurs vivantes fixées
    [au fond de la mer par leur pédoncule
Des "palmiers marins" quand ils étalent au sommet d'une tige
    [qui peut atteindre 17 mètres leur panache de bras semblables
    [à des feuilles de datiers
Les uns ont cinq bras d'autres en ont dix semblables à des plumes
    [couleur de rose et nagent en les faisant onduler
Sur les récifs d'innombrables mollusques traînent leur coquille
    [dont la variété est infinie
Aux formes surbaissées et à bouche arrondie sont venues
    [s'ajouter les longues coquilles aux tours d'hélice nombreux
La coquille renflée et polie
Celle à longue ouverture évasée échancrée ou prolongée en canal
Et le mollusque qui vole dans l'eau à l'aide de deux larges ailes
    [dépendantes de son pied qui vole dans la haute mer comme
    [les papillons volent dans l'air

Os abutres

O vilarejo negro é menos feio e menos sujo
    [que a zona de Saint-Ouen
Os abutres que o sobrevoam volta e meia
    [mergulham e limpam tudo

Sob os trópicos

Nestas paragens a corrente das ondas cobre os rochedos
    [com uma abundante floração animal
Esponjas de todos os tipos
Pólipos de forma tão parecida à das plantas que são chamados
De "lírios do mar" quando se parecem com flores vivas fixadas
    [no fundo do mar pelo pedúnculo
Ou de "palmeiras marinhas" quando desfraldam no alto
    [de um caule que pode chegar a 17 metros o seu
    [penacho de braços parecidos com folhas de tamareira
Uns têm cinco braços outros têm dez parecidos com plumas
    [cor-de-rosa e nadam fazendo-os ondular
Sobre os recifes inumeráveis moluscos arrastam sua concha
    [cuja variedade é infinita
Às formas achatadas e de boca arredondada vieram se somar
    [as longas conchas com muitos giros de hélice
A concha bojuda e polida
A de abertura alargada decotada ou prolongada em canal
E o molusco que esvoaça na água por meio de duas grandes asas
    [presas a seu pé que esvoaça em alto-mar
    [como as borboletas esvoaçam no ar

Ornithichnites

Les oiseaux qui nous suivaient continuellement depuis Le Havre
      [disparaissent aujourd'hui
Par contre à l'avant s'envolent des bandes de poissons volants
      [que le vent projette sur le pont
Ce sont de tout petits êtres qui sentent terriblement mauvais
Leur membrane est gluante

Bleus

La mer est comme un ciel bleu bleu bleu
Par au-dessus le ciel est comme le Lac Léman
Bleu-tendre

Couchers de soleil

Tout le monde parle des couchers de soleil
Tous les voyageurs sont d'accord pour parler des couchers de
      [soleil dans ces parages
Il y a plein de bouquins où l'on ne décrit que les couchers de soleil
Les couchers de soleil des tropiques
Oui c'est vrai c'est splendide
Mais je préfère de beaucoup les levers de soleil
L'aube
Je n'en rate pas une
Je suis toujours sur le pont
À poils
Et je suis toujours seul à les admirer
Mais je ne vais pas les décrire les aubes
Je vais les garder pour moi tout seul

Ornitísquios

Os pássaros que nos seguiam desde o Havre
     [desapareceram hoje
Mas à proa se erguem bandos de peixes voadores
     [que o vento lança sobre o convés
São pequenas criaturas que cheiram horrivelmente mal
A membrana é pegajosa

Azuis

O mar é como um céu azul azul azul
Por cima o céu é como o lago Léman
Azul-ternura

Pôr do sol

Todo mundo fala do pôr do sol
Todos os passageiros estão dispostos a falar do
     [pôr do sol nestas paragens
Há vários livros em que não se fala de outra coisa senão do pôr do sol
O pôr do sol dos trópicos
Sim é verdade é esplêndido
Mas eu prefiro com folga o nascer do sol
A aurora
Não perco uma
Estou sempre no convés
Em pelo
E sou sempre o único a admirá-lo
Mas não vou descrever as auroras
Vou guardá-las só para mim

Nuits étoilées

Je passe la plus grande partie de la nuit sur le pont
Les étoiles familières de nos latitudes penchent penchent sur
      [le ciel
L'étoile Polaire descend de plus en plus sur l'horizon nord
Orion — ma constellation — est au zénith
La Voie Lactée comme une fente lumineuse s'élargit chaque nuit
Le Chariot est une petite brume
Le sud est de plus en plus noir devant nous
Et j'attends avec impatience l'apparition de la Croix du Sud à l'est
Pour me faire patienter Vénus a doublé de grandeur et quintuplé d'éclat
      [comme la lune elle fait une traînée sur la mer
Cette nuit j'ai vu tomber un bolide

Complet blanc

Je me promène sur le pont dans mon complet blanc acheté à Dakar
Aux pieds j'ai mes espadrilles achetées à Villa Garcia
Je tiens à la main mon bonnet basque rapporté de Biarritz
Mes poches sont pleines de Caporal Ordinaire
De temps en temps je flaire mon étui en bois de Russie
Je fais sonner des sous dans ma poche et une livre sterling en or
J'ai mon gros mouchoir calabrais et des allumettes de cire de ces
      [grosses que l'on ne trouve qu'à Londres
Je suis propre lavé frotté plus que le pont
Heureux comme un roi
Riche comme un milliardaire
Libre comme un homme

Noites estreladas

Passo a maior parte da noite no convés
As estrelas familiares das nossas latitudes vão declinando
        [declinando no céu
A Estrela Polar desce cada vez mais no horizonte norte
Órion — minha constelação — está no zênite
A Via Láctea como uma fenda luminosa se alarga a cada noite
A Ursa Maior é só uma névoa
O sul está cada vez mais escuro à nossa frente
E eu espero com impaciência a aparição do Cruzeiro do Sulmais a leste
Para me dar paciência Vênus dobrou de tamanho quintuplicou
        [de brilho e lança um reflexo no mar como a lua
Agora à noite vi cair um meteoro

Terno branco

Passeio pelo convés com o terno branco comprado em Dakar
Nos pés as alpargatas compradas em Vilagarcía
Levo à mão minha boina basca trazida de Biarritz
Meus bolsos estão cheios de tabaco Caporal Ordinaire
De vez em quando cheiro meu estojo de madeira da Rússia
Faço tilintar no bolso uns tostões e uma libra esterlina em ouro
Tenho meu grande lenço calabrês e fósforos de cera desses
        [grandes que só se encontram em Londres
Estou mais limpo lavado esfregado que o convés
Feliz como um rei
Rico como um bilionário
Livre como um homem

La cabine nº 6

Je l'occupe
Je devrais toujours vivre ici
Je n'ai aucun mérite à y rester enfermé et à travailler
D'ailleurs je ne travaille pas j'écris tout ce qui passe par la tête
Non tout de même pas tout
Car des tas de choses me passent par la tête mais n'entrent pas
        [dans ma cabine
Je vis dans un courant d'air le hublot grand ouvert et le
        [ventilateur ronflant
Je ne lis rien

Bagage

Dire que des gens voyagent avec des tas de bagages
Moi je n'ai emporté que ma malle de cabine et déjà je trouve que
        [c'est trop que j'ai trop de choses
Voici ce que ma malle contient
Le manuscrit de Moravagine que je dois terminer à bord et
        [mettre à la poste à Santos pour l'expédier à Grasset
Le manuscrit du Plan de l'Aiguille que je dois terminer le plus
        [tôt possible pour l'expédier au Sans Pareil
Le manuscrit d'un ballet pour la prochaine saison des Ballets Suédois
        [et que j'ai fait à bord entre Le Havre et La Pallice
        [d'où je l'ai envoyé à Satie
Le manuscrit du Coeur du Monde que j'enverrai au fur et à mesure
        [à Raymone
Le manuscrit de l'Equatoria
Un gros paquet de contes nègres qui formera le deuxième volume
        [de mon Anthologie
Plusieurs dossiers d'affaires
Les deux gros volumes du dictionnaire Darmesteter
Ma Remington portable dernier modèle

A cabine nº 6

É a minha
É aqui que devia estar o tempo todo
Não me cabe nenhum mérito por ficar trancado trabalhando
Aliás não trabalho eu escrevo tudo que me passa pela cabeça
Não no fim das contas nem tudo
Pois há montes de coisas que me passam pela cabeça mas
    [não cabem na minha cabine
Vivo numa corrente de ar a escotilha escancarada
    [e o ventilador rugindo
Não leio nada

Bagagem[4]

E dizer que as pessoas viajam com pilhas de bagagem
Eu mesmo só trouxe minha mala de cabine e já acho que
    [é muito que tenho coisas demais
Eis aqui o que a minha mala contém
O manuscrito de *Moravagine* que preciso terminar a bordo
    [pôr no correio em Santos e mandar para a Grasset
O manuscrito de *Le Plan de l'aiguille* que preciso terminar
    [o mais rápido possível e mandar para a Sans Pareil
O manuscrito de um balé para a próxima temporada dos
    [Ballets Suédois e que escrevi a bordo entre o Havre
    [e La Pallice de onde o mandei para Satie
O manuscrito de *Coeur du Monde* que vou enviar aos poucos
    [para Raymone
O manuscrito de *Equatoria*
Um belo maço de contos negros que fará parte do segundo
    [volume da minha *Antologia*
Várias pastas de documentos
Os dois grossos volumes do dicionário Darmesteter
Minha Remington portátil último modelo

Un paquet contenant des petites choses que je dois remettre à
    [une femme à Rio
Mes babouches de Tombouctou qui portent les marques
    [de la grande caravane
Deux paires de godasses mirifiques
Une paire de vernis
Deux complets
Deux pardessus
Mon gros chandail du Mont-Blanc
De menus objets pour la toilette
Une cravate
Six douzaines de mouchoirs
Trois liquettes
Six pyjamas
Des kilos de papier blanc
Des kilos de papier blanc
Et un grigri
Ma malle pèse 57 kilos sans mon galurin gris

Orion

C'est mon étoile
Elle a la forme d'une main
C'est ma main montée au ciel
Durant toute la guerre je voyais Orion par un créneau
Quand les Zeppelins venaient bombarder Paris ils venaient
    [toujours d'Orion
Aujourd'hui je l'ai au-dessus de ma tête
Le grand mât perce la paume de cette main qui doit souffrir
Comme ma main coupée me fait souffrir percée qu'elle est par
    [un dard continuel

Um pacote que contém ninharias que devo entregar a
    [uma mulher no Rio de Janeiro
Minhas sandálias de Timbuktu que exibem as marcas
    [da grande caravana
Dois pares de sapatos assombrosos
Um par de sapatos de verniz
Dois ternos
Dois sobretudos
Minha malha grossa do Mont Blanc
Pequenos objetos de toalete
Uma gravata
Seis dúzias de lenços
Três camisas
Seis pijamas
Quilos de papel em branco
Quilos de papel em branco
E um amuleto
Minha mala pesa 57 quilos sem contar meu chapéu cinza

Órion

É a minha estrela
Ela tem forma de mão
É a minha mão subida aos céus
Durante toda a guerra eu via Órion por uma fenda
Quando os zepelins vinham bombardear Paris eles vinham
    [sempre de Órion
Hoje ela está bem em cima da minha cabeça
O mastro maior fura a palma dessa mão que deve sofrer
Como minha mão cortada me faz sofrer furada como é por
    [um dardo contínuo

L'Équateur

L'océan est d'un bleu noir le ciel bleu est pâle à côté
La mer se renfle tout autour de l'horizon
On dirait que l'Atlantique va déborder sur le ciel
Tout autour du paquebot c'est une cuve d'outremer pur

Le passage de la ligne

Naturellement j'ai été baptisé
C'est mon onzième baptême sur la ligne
Je m'étais habillé en femme et l'on a bien rigolé
Puis on a bu

Je nage

Jusqu'à la ligne c'était hiver
Maintenant c'est l'été
Le commandant a fait installer une piscine sur le pont supérieur
Je plonge je nage je fais la planche
Je n'écris plus
Il fait bon vivre

O Equador

O oceano é de um azul-negro o céu azul até fica pálido
O mar se incha na linha do horizonte
Parece que o Atlântico vai transbordar para o céu
Tudo ao redor do barco é uma cuba de ultramar puro

A passagem da Linha

É claro que fui batizado
É meu décimo primeiro batismo na Linha
Eu tinha me vestido de mulher e todos rimos
Depois bebemos

Eu nado

Até a Linha era inverno
Agora é verão
O comandante mandou instalar uma piscina no convés superior
Eu mergulho eu nado eu boio
Eu não escrevo mais nada
É bom estar vivo

S. Fernando Noronha

J'envoie un radio à Santos pour annoncer mon arrivée
Puis je remonte me mettre dans la piscine
Comme j'étais en train de nager sur le dos et de faire la baleine
        [M. Mouton l'officier radiotélégraphiste du bord m'annonce
        [qu'il est en communication avec le *Belle-Isle* et me demande
        [si je ne veux pas envoyer une lettre-océan (à Madame
        [Raymone ajoute-t-il avec un beau sourire)
J'envoie une lettre-océan pour dire qu'il fait bon vivre
Et je me remets dans l'eau
L'eau est fraîche
L'eau est salée

Amaralina

Ce poste de T. S. F. me fait dire qu'on m'attendra à Santos avec une auto
Je suis désespéré d'être bientôt arrivé
Encore six jours de mer seulement
J'ai le cafard
Je ne voudrais jamais arriver et faire sauter la Western

Les souffleurs

Nous sommes à la hauteur de Bahia
J'ai vu un premier oiseau
Un cargo anglais
Et trois souffleurs au large
J'ai aussi vu une grande dorade

S. Fernando de Noronha

Mando um rádio para Santos para anunciar minha chegada
Depois volto a subir para me meter na piscina
Na hora em que eu nadava de costas e dava uma de baleia
    [o senhor Mouton oficial radiotelegrafista de bordo
    [vem me anunciar que estava em contato com o *Belle-Isle*
    [e me pergunta se não quero mandar uma carta-oceano
    [(para a senhora Raymone acrescenta ele com um belo sorriso)
Eu mando uma carta-oceano para dizer que é bom estar vivo
E volto para a água
A água está fresca
A água é salgada

Amaralina[5]

Esse posto de T. S. F. me avisa que vão me esperar
    [em Santos com um carro
Fico desesperado por chegar tão cedo
Faltam seis dias de mar apenas
Fico melancólico
Queria não chegar nunca e mandar a Western pelos ares

Os golfinhos

Estamos à altura da Bahia
Vi um primeiro pássaro
Um cargueiro inglês
E três golfinhos ao largo
Vi também uma dourada graúda

Dimanche

Il fait dimanche sur l'eau
Il fait chaud
Je suis dans ma cabine enfermé comme dans du beurre fondant

Le poteau noir

Nous sommes depuis plusieurs jours déjà dans la région du poteau
Je sais bien que l'on écrit depuis toujours le pot au noir
Mais ici à bord on dit le poteau
Le poteau est un poteau noir au milieu de l'océan où tous les
        [bateaux s'arrêtent histoire de mettre une lettre à la poste
Le poteau est un poteau noir enduit de goudron où l'on attachait
        [autrefois les matelots punis de corde ou de schlague
Le poteau est un poteau noir contre lequel vient se frotter le chat
        [à neuf queues
Assurément quand l'orage est sur vous on est comme dans
        [un pot au noir
Mais quand l'orage se forme on voit une barre noire dans le ciel
        [cette barre noircit s'avance menace et dame le matelot
        [le matelot qui n'a pas la conscience tranquille pense
        [au poteau noir
D'ailleurs même si j'ai tort j'écrirai le poteau noir et non le pot
        [au noir car j'aime le parler populaire et rien ne me prouve
        [que ce terme n'est pas en train de muer
Et tous les hommes du *Formose* me donnent raison

Domingo

É domingo sobre as águas
Faz calor
Fico trancado na cabine como em manteiga derretida

O poste preto[6]

Faz vários dias já que estamos na região do poste
Sei bem que desde sempre se escreve pote preto
Mas aqui a bordo se diz poste
O poste é um poste no meio do oceano em que todos
        [os navios se detêm para postar uma carta
O poste é um poste preto besuntado de alcatrão em que
        [outrora se amarravam os marinheiros punidos
        [a chicote ou a vara
O poste é um poste preto contra o qual vem se esfregar
        [o gato de nove rabos
É bem verdade que quando despenca a tempestade
        [mais parece que estamos num pote preto
Mas quando a tempestade se forma dá para ver uma barra
        [negra no céu essa barra escurece avança ameaça e
        [condena o marinheiro o marinheiro que não tem a
        [consciência tranquila pensa no poste preto
De resto mesmo se estiver errado vou continuar a escrever
        [o poste preto e não o pote preto porque gosto da
        [fala popular e nada me prova que o termo não
        [esteja em vias de se transformar
E todos os homens do *Formose* me dão razão

Pedro Alvarez Cabral

Le Portugais Pedro Alvarez Cabral s'était embarqué à Lisbonne
En l'année 1500
Pour se rendre dans les Indes Orientales
Des vents contraires le portèrent vers l'ouest et le Brésil fut découvert

Terres

Un cargo pointe vers Pernambuco
Dans la lorgnette du barman c'est un vapeur anglais tout recouvert
        [de toiles blanches
À l'oeil nu il paraît enfoncé dans l'eau et cassé par le milieu
        [comme la série des cargos américains construits durant
        [la guerre
On discute ferme à ce sujet quand j'aperçois la côte
C'est une terre arrondie entourée de vapeurs chromées et
        [surmontée de trois panaches de nacre
Deux heures plus tard nous voyons des montagnes triangulaires
Bleues et noires

Oeufs

La côte du Brésil est semée d'îlots ronds nus au milieu desquels
        [nous naviguons depuis deux jours
On dirait des oeufs bigarrés qu'un gigantesque oiseau a laissé choir
Ou des fientes volcaniques
Ou des sphingtéas de vautour

Pedro Álvares Cabral[7]

O português Pedro Álvares Cabral embarcou em Lisboa
No ano de 1500
Para chegar às Índias Orientais
Ventos contrários levaram-no para oeste e o Brasil foi descoberto

Terras

Um cargueiro aponta para Pernambuco
Pela luneta do barman é um vapor inglês todo recoberto
   [de chapas brancas
A olho nu ele parece rente à água e partido ao meio
      [como a classe de cargueiros americanos
      [construídos durante a guerra
A discussão segue firme quando percebo a costa
É uma terra arredondada envolta em vapores cromados
      [e encimada por três penachos de nácar
Duas horas depois vemos montanhas triangulares
Azuis e negras

Ovos

A costa do Brasil é semeada de ilhotas redondas peladas
      [em meio às quais navegamos há dois dias
Mais parecem ovos sarapintados que um pássaro
      [gigantesco deixou cair
Ou excrementos vulcânicos
Ou excrescências de abutre

Papillon

C'est curieux
Depuis deux jours que nous sommes en vue des terres aucun
        [oiseau n'est venu à notre rencontre ou se mettre
        [dans notre sillage
Par contre
Aujourd'hui
À l'aube
Comme nous pénétrions dans la baie de Rio
Un papillon grand comme la main est venu virevolter tout
        [autour du paquebot
Il était noir et jaune avec de grandes stries d'un bleu déteint

Borboleta

Coisa curiosa
Faz dois dias que temos terra à vista sem que nenhum
    [pássaro venha ao nosso encontro ou siga nosso rastro
Por outro lado
Hoje mesmo
Ao romper do dia
Quando penetrávamos na baía do Rio
Uma borboleta assim do tamanho da mão veio esvoaçar
    [ao redor do nosso vapor
Era preta e amarela com grandes estrias de um azul desbotado

Rio de Janeiro

Tout le monde est sur le pont
Nous sommes au milieu des montagnes
Un phare s'éteint
On cherche le Pain de Sucre partout et dix personnes le
       [découvrent à la fois dans cent directions différentes tant ces
       [montagnes se ressemblent dans leur piriformité
M. Lopart me montre une montagne qui se profile sur le ciel
       [comme un cadavre étendu et dont la silhouette ressemble
       [beaucoup à celle de Napoléon sur son lit de mort
Je trouve qu'elle ressemble plutôt à Wagner un Richard Wagner
       [bouffi d'orgueil ou envahi par la graisse
Rio est maintenant tout près et l'on distingue toutes les maisons
       [sur la plage
Les officiers comparent ce panorama à celui de la Corne d'Or
D'autres racontent la révolte des forts
D'autres regrettent unanimement la construction d'un grand
       [hôtel moderne haut et carré qui défigure la baie (il est très beau)
D'autres encore protestent véhémentement contre l'abrasage
d'une montagne
Penché sur le bastingage tribord je contemple
La végétation tropicale d'un îlot abandonné
Le grand soleil qui creuse la grande végétation
Une petite barque montée par trois pêcheurs
Ces hommes aux mouvements lents et méthodiques
Qui travaillent
Qui pêchent
Qui attrapent du poisson
Qui ne nous regardent même pas
Tout à leur métier

Rio de Janeiro[8]

Todo mundo está no convés
Estamos no meio de montanhas
Um farol se apaga
Procuramos o Pão de Açúcar por toda parte e dez pessoas
    [o divisam ao mesmo tempo em cem direções diferentes,
    [tão parecidas são as montanhas piriformes
O senhor Lopart me aponta uma montanha que se perfila
    [contra o céu como um cadáver estirado e cuja silhueta
    [parece muito com a de Napoleão no leito de morte
Eu acho que ela se parece mais com Wagner um Richard Wagner
    [balofo de orgulho ou inchado de tão gordo
O Rio está bem perto agora e dá para ver todas as casas
    [à beira da praia
Os oficiais comparam este panorama ao do Chifre de Ouro
Outros contam a rebelião dos fortes
Outros lamentam unanimemente a construção de um grande hotel
    [moderno alto e quadrado que desfigura a baía
    [(o hotel é muito bonito)
Outros ainda protestam veementemente contra o arrasamento
    [de um morro
Debruçado sobre a amurada de estibordo eu contemplo
A vegetação tropical de uma ilhota abandonada
O sol que penetra a basta vegetação
Um barquinho tripulado por três pescadores
Esses homens de movimentos lentos e metódicos
Que trabalham
Que pescam
Que fisgam peixes
Que nem olham para nós
Entregues a seu ofício

Sur rade

On a hissé les pavillons
Le jaune pour demander la visité de la santé
Le bleu pour demander la police
Le rouge et blanc pour demander la douane
Celui constellé des Chargeurs Réunis
Et le bleu blanc rouge
Et le brésilien
Il y a encore deux que je ne connais pas
Les passagers admirent les constructions déconfites de l'Exposition
Des vedettes des ferrys vont viennent et des grandes voiles latines
      [très lentes comme sur le lac de Genève
Le soleil tape
Un aigle tombe

Na baía[9]

Içaram os pavilhões
O amarelo para pedir a visita médica
O azul para chamar a polícia
O vermelho e branco para chamar a alfândega
Mais o constelado da empresa Chargeurs Réunis
E o azul vermelho branco
E o brasileiro
Há mais dois que eu não conheço
Os passageiros admiram as construções desativadas da Exposição
As lanchas as balsas vão e vêm e também grandes velas latinas
        [muito lentas como no lago de Genebra
O sol bate forte
Uma águia despenca

La coupée

On est enfin à quai un quai rectiligne moderne armé de grues
      [de Duisburg
Des mouchoirs s'agitent
On se fait des signes
Blanc-boubou-boubou-blanc m'a déjà oublié
Elle découvre dans la foule un long zigoto cuivré très chic et
      [indolent que je crois bien avoir déjà rencontré à Paris
Elle est émue c'est beau puis lui fait signe de retenir un porteur
      [et lui fait comprendre par cris et par gestes qu'elle a cinq
      [malles en cabine et beaucoup d'autres bagages des grands
      [et des petits
Moi je sais même tout ce qu'elle a dans ces malles car je les lui ai
      [bouclées ce matin alors qu'elle avait presque une crise
      [de nerfs
Au revoir gosselette gosseline elle passe maintenant la coupée
      [au bras de son type fin comme un chevreuil inquiétant
      [et attirant
Comme tout mélange princier de sang blanc et noir
Je songe au grand grigri créole qu'il porte dans sa culotte
Une voix monte du quai Est-ce que Monsieur Blaise Cendrars
      [est à bord?
Présent!
Douze chapeaux s'agitent
Je débarque
Et l'on me photographie
"Monte là-dessus... Monte là-dessus..."

O portaló[10]

Chegamos finalmente a um cais retilíneo moderno armado
    [de guindastes de Duisburg
Agitam-se lencinhos
Trocam-se sinais
Blanc-boubou-boubou-blanc já me esqueceu
Ela encontra no meio da multidão um rapagão muito chique
    [e indolente que eu acho que já vi em Paris
Ela está emocionada é bonito de ver depois faz sinal
      [para que ele consiga um carregador e lhe diz
      [por gritos e por gestos que tem cinco malas na
      [cabine e muita bagagem mais das grandes e
      [das pequenas
Eu sei tudo o que há nessas malas porque eu mesmo as
      [fechei hoje de manhã enquanto ela chegava à beira
      [de uma crise de nervos
Adeus moça mocinha ela passa agora pelo portaló de
      [braço dado com sujeito esbelto como um corço
      [inquietante e atraente
Como em toda mistura principesca de sangue branco e negro
Penso no grande amuleto crioulo que leva nas roupas de baixo
Uma voz se eleva do cais Por acaso o senhor Blaise Cendrars
    [encontra-se a bordo?
Presente!
Doze chapéus se agitam
Eu desembarco
E me fotografam
"Monte là-dessus... Monte là-dessus..."

Banquet

Une heure de taxi le long de la plage
Vitesse klaxon présentations rires jeunes gens Paris Rio Brésil
[France interviews présentations rires
Nous allons jusqu'à la Grotte de la Presse
Puis nous rentrons déjeuner en ville
Les plats ne sont pas encore servis que déjà les journaux parlent
[de moi et publient la photo de tout à l'heure
Bonne cuisine du pays vins portugais et pinga
À quatorze heures tapantes je suis à bord
Un jeune poète sympathique dégobille sur le pont je le ramène
[à terre où son compagnon dégobille à son tour
Les autres n'ont pu suivre
Je monte me plonger dans la piscine tandis que
le *Formose* appareille
Vive l'eau

Banquete

Uma hora de táxi ao longo da praia
Velocidade buzina apresentações risos jovens Paris Rio
    [Brasil França entrevistas apresentações risos
Vamos à Gruta da Imprensa
Depois voltamos para almoçar na cidade
Ainda nem serviram os pratos e os jornais já falam
    [de mim e publicam a foto de agora há pouco
Boa cozinha da terra vinhos portugueses e pinga
Às duas da tarde em ponto estou a bordo
Um jovem poeta simpático vomita no convés
    [eu o levo de volta para terra onde
    [seu companheiro vomita por sua vez
Os outros não puderam vir atrás
Subo para mergulhar na piscina enquanto o *Formose* zarpa
Viva a água

Belle soirée

Le soir tombe sur la côte américaine
Pas un poisson pas un oiseau
Une chaîne continue de montagnes uniformes toutes recouvertes
[d'une végétation luxuriante
La mer est unie
Le ciel aussi
Je pense aux deux amis que je me suis fait à bord et qui viennent
[de me quitter à Rio
M. Lopart agent de change à Bruxelles gentil charmant qui me
[tenait tête à table ou le soir au fumoir devant une bouteille
[de whisky
Et Boubou-blanc-blanc-boubou la meilleure des copines avec qui
[je nageais des heures dans la piscine matin et soir
À nous trois nous fasions un groupe très gai qui pleurait aux
[larmes à force de rire
Nous avons embêté tous les Allemands à bord scandalisé les
[fonctionnaires et militaires (supérieurs) en mission
Je n'ai jamais autant ri depuis dix ans et ri durant vingt jours
[j'étais malade de rire et ai augmenté de six kilos
Au revoir mes bons amis à bientôt nous nous retrouverons à bord
[en rentrant en France ou un autre jour à Paris ou à Bruxelles
[ou ailleurs dans un train qui franchira les Andes ou à bord
[de l'*Emperess* qui cinglera vers l'Australie nous aurons
[toujours le même barman car le monde est bien petit pour
[d'aussi gais compagnons
À bientôt à bientôt

Bela noitada

A noite cai sobre a costa americana
Nenhum peixe nenhum pássaro
Uma cadeia contínua de montanhas uniformes todas
      [recobertas de uma vegetação luxuriante
O mar está parado
O céu também
Penso nos dois amigos que fiz a bordo e que acabam
      [de descer no Rio
O senhor Lopart agente de câmbio em Bruxelas gentil
      [encantador que se sentava diante de mim à mesa
      [ou à noite no *fumoir* diante de uma garrafa de uísque
E Boubou-blanc-blanc-boubou a melhor das companheiras
      [com quem eu nadava por horas na piscina
      [manhã e noite
Nós três formávamos um grupo muito alegre que chegava
      [às lágrimas de tanto rir
Irritamos todos os alemães a bordo escandalizamos os
      [funcionários e militares (superiores) em missão
Fazia dez anos que não ria tanto e ri durante vinte dias
      [estava doente de tanto rir e ganhei seis quilos
Adeus meus bons amigos até breve nós nos veremos de novo
      [a bordo voltando para a França ou um dia desses em
      [Paris ou Bruxelas ou senão num trem que atravessará
      [os Andes ou a bordo do *Emperess* que singrará rumo
      [à Austrália teremos sempre o mesmo barman pois o
      [mundo é bem pequeno para companheiros tão alegres
Até breve até breve

Pleine nuit en mer

La côte montagneuse est éclairée à giorno par la pleine lune qui
      [voyage avec nous
La Croix du Sud est à l'est et le sud reste tout noir
Il fait une chaleur étouffante
De gros morceaux de bois nagent dans l'eau opaque
Sur le pont les deux acrobates allemandes se promènent
      [aux trois quarts nues
Elles cherchent de la fraîcheur
Le petit médecin portugais qui accompagne les émigrants de sa nation
      [jusqu'à Buenos Aires cligne de l'oeil en passant devant moi
Je le vois s'engouffrer avec les bochesses dans une grande cabine
      [inoccupée
Deux navires passent à tribord puis trois à bâbord
Tous les cinq sont éclairés comme pour une fête de nuit
On se croirait dans le port de Monte Carle et la forêt vierge pousse
      [jusque dans la mer
En dressant l'oreille et en tendant toutes mes facultés d'attention
      [j'entends comme le bruissement des feuilles
Ou peut-être mon chagrin de quitter le bord demain
Au bout d'un grand quart d'heure je perçois la mince chanson
      [d'un émigrant sur le gaillard avant où du linge sèche à la lune
      [et me fait des signes

Noite alta no mar

A costa montanhosa é iluminada como se fosse dia
    [pela lua cheia que viaja conosco
O Cruzeiro do Sul está a leste e o sul continua todo escuro
O calor é sufocante
Grandes pedaços de madeira nadam na água opaca
No convés as duas acrobatas alemãs passeiam
    [três quartos despidas
Procurando algum frescor
O médico português baixinho que acompanha os emigrantes
    [de sua nação até Buenos Aires dá uma piscadela
    [ao passar por mim
Eu o vejo precipitar-se com as alemãzonas numa grande
    [cabine desocupada
Dois navios passam a estibordo depois mais três a bombordo
Todos cinco iluminados como para um sarau
Poderíamos estar no porto de Monte Carlo e a floresta
    [virgem viceja rente ao mar
Espichando os ouvidos e aguçando todas as minhas
    [faculdades de atenção consigo ouvir algo
    [como o farfalhar das folhas
Ou talvez seja minha tristeza por deixar o barco amanhã
Um bom quarto de hora mais tarde percebo a canção
    [em surdina de um emigrante no castelo de proa
    [ali onde a roupa seca à luz da lua e me faz sinais

Paris

Je suis resté toute la nuit sur le pont écoutant les messages qui
    [arrivaient par T. S. F. en déchiffrant quelques bribes
Et les traduisant en clignant des yeux pour les étoiles
Un astre nouveau brillait à la hauteur de mon nez
La braise de mon cigare
Je songeais distraitement à Paris
Et chaque étoile du ciel était remplacée parfois par un visage connu
J'ai vu Jean comme une torche follette l'oeil malicieux d'Erik
    [le regard posé de Fernand et les yeux d'un tas de cafés
    [autour de Sanders
Les bésicles rondes d'Eugénia celles de Marcel
Le regard en flèche de Mariette et les yeux dodelinant du Gascon
De temps en temps Francis et Germaine passaient en auto et Abel
    [faisait de la mise en scène et était triste
Puis la T. S. F. reprenait et je reregardais les étoiles
Et l'astre nouveau s'allumait à nouveau au bout de mon nez
Il m'éclairait comme Raymone
Tout près tout près

Paris[11]

Fiquei a noite inteira no convés escutando as mensagens
     [que chegavam por T. S. F. decifrando uns trechinhos
E traduzindo com o piscar dos olhos para as estrelas
Um astro novo brilhava à altura do meu nariz
A brasa do meu charuto
Eu pensava distraídamente em Paris
E as estrelas do céu de vez em quando davam lugar
     [a um rosto conhecido
Vi Jean como uma tocha doidivanas o olho malicioso de Erik
     [o olhar pausado de Fernand e os olhos de muitos
     [cafés ao redor de Sanders
Os óculos redondos de Eugénia os de Marcel também
O olhar em flecha de Mariette e os olhos pendulares do Gascão
De tanto em tanto Francis e Germaine passavam de carro e
     [Abel dirigia um filme e andava triste
Depois o T. S. F. recomeçava e eu voltava a olhar as estrelas
E o astro novo se iluminava de novo à ponta do meu nariz
Ele me iluminava como Raymone
Bem perto bem perto

Aube

À l'aube je suis descendu au fond des machines
J'ai écouté pour une dernière fois la respiration profonde des pistons
Appuyé à la fragile main-courante de nickel j'ai senti pour une
      [dernière fois cette sourde vibration des arbres de couche
      [pénétrer en moi ave le relent des huiles surchauffées
      [et la tiédeur de la vapeur
Nous avons encore bu un verre le chef mécanicien cet homme
      [tranquille et triste qui a un si beau sourire d'enfant et qui
      [ne cause jamais et moi
Comme je sortais de chez lui le soleil sortait tout naturellement
      [de la mer et chauffait déjà dur
Le ciel mauve n'avait pas un nuage
Et comme nous pointions sur Santos notre sillage décrivait un grand
      [arc-de-cercle miroitant sur la mer immobile

Îles

Îles
Îles
Îles où l'on ne prendra jamais terre
Îles où l'on ne descendra jamais
Îles couvertes de végétations
Îles tapies comme des jaguars
Îles muettes
Îles immobiles
Îles inoubliables et sans nom
Je lance mes chaussures par-dessus bord car je voudrais
      [bien aller jusqu'à vous

Aurora

Ao romper da aurora desci até o fundo da sala de máquinas
Escutei uma última vez a respiração profunda dos pistões
Apoiado no frágil corrimão de níquel senti uma última vez essa
        [surda vibração dos eixos penetrando em mim com
        [o cheiro dos óleos superaquecidos e a mornidão
        [do vapor
Bebemos um trago o mecânico-chefe esse homem tranquilo
        [e triste que tem um lindo sorriso de menino e não
        [fala nunca e eu
Quando subi de volta o sol vinha saindo com toda
        [naturalidade do mar e já batia forte
O céu malva não tinha uma só nuvem
E quando apontamos para Santos nosso rastro descrevia
        [um grande arco resplandecendo sobre o mar imóvel

Ilhas

Ilhas
Ilhas
Ilhas onde nunca tocaremos terra
Ilhas onde não desceremos jamais
Ilhas cobertas de vegetação
Ilhas pintadas como onças
Ilhas mudas
Ilhas imóveis
Ilhas inesquecíveis e sem nome
Jogo meus sapatos ao mar tamanha é a vontade de me
        [juntar a vocês

Arrivée à Santos

Nous pénétrons entre des montagnes qui se referment derrière nous
On ne sait plus où est le large
Voici le pilote qui grimpe l'échelle c'est un métis aux grands yeux
Nous entrons dans une baie intérieure qui s'achève par un goulet
À gauche il y a une plage éblouissante sur laquelle circulent des
      [autos à droite la végétation tropicale muette dure tombe à la
      [mer comme un niagara de chlorophylle
Quand on a passé un petit fort portugais riant comme une chapelle
      [de la banlieue de Rome et dont les canons sont comme
      [des fauteuils où l'on voudrait s'asseoir à l'ombre on serpente
      [une heure dans le goulet plein d'eau terreuse
Les rives sont basses
Celle de gauche plantée de mangliers et de bambous géants autour
      [des bicoques rouges et noires ou bleues et noires des nègres
Celle de droite désolée marécageuse pleine de palmiers épineux
Le soleil est étourdissant

Chegada a Santos

Penetramos entre montanhas que se fecham atrás de nós
Não sabemos mais onde está o mar aberto
Lá vem o piloto subindo a escada é um mestiço de olhos graúdos
Entramos numa baía interior que termina numa garganta
À esquerda há uma praia deslumbrante sobre a qual
    [circulam carros à direita a vegetação tropical
    [muda dura cai sobre o mar como um niágara de clorofila
Depois de passar por um fortezinho português risonho como uma
    [capela da periferia de Roma e cujos canhões mais parecem
    [poltronas em que dá vontade de se sentar à sombra
    [serpenteamos por uma hora pela garganta cheia de água terrosa
As margens são baixas
A da esquerda semeada de manguezais e bambus gigantes ao redor
    [dos barracos vermelhos e pretos ou azuis e pretos dos negros
A da direita desolada pantanosa cheia de palmeiras espinhosas
O sol é de deixar tonto

À bâbord

Le port
Pas un bruit de machine pas un sifflet pas une sirène
Rien ne bouge on ne voit pas un homme
Aucune fumée monte aucun panache de vapeur
Insolation de tout un port
Il n'y a que le soleil cruel et la chaleur qui tombe du ciel et qui
      [monte de l'eau la chaleur éblouissante
Rien ne bouge
Pourtant il y a là une ville de l'activité une industrie
Vingt-cinq cargos appartenant à dix nations sont à quai
      [et chargent du café
Deux cent grues travaillent silencieusement
(À la lorgnette on distingue les sacs de café qui voyagent sur
      [les trottoirs-roulants et les monte-charge continus)
La ville est cachée derrière les hangars plats et les grands dépôts
      [rectilignes en tôle ondulée)
Rien ne bouge
Nous attendons des heures
Personne ne vient
Aucune barque ne se détache de la rive
Notre paquebot a l'air de se fondre minute par minute et de couler
      [lentement dans la chaleur épaisse de se gondoler et de couler à pic

A bombordo

O porto
Nenhum barulho de máquina nenhum apito nenhuma sirene
Nada se mexe não se vê um homem sequer
Nenhuma fumaça se ergue nenhum penacho de vapor
Insolação de um porto inteiro
Não há mais que o sol cruel e o calor que cai do céu e que
[sobe da água o calor ofuscante
Nada se mexe
E contudo há aqui uma cidade atividade indústria
Vinte e cinco cargueiros pertencentes a dez nações diferentes
[estão atracados e carregam café
Duzentos guindastes trabalham silenciosamente
(Com a luneta se distinguem os sacos de café que viajam
[sobre as esteiras rolantes e os monta-cargas contínuos)
A cidade está escondida atrás dos hangares compridos e dos
[grandes depósitos retilíneos de chapa ondulada
Nada se mexe
Esperamos por horas
Ninguém vem
Nenhuma lancha se destaca da margem
Nosso vapor parece se derreter minuto a minuto e naufragar
[lentamente no calor espesso se dobrar e ir a pique

À tribord

Une frégate est suspendue en l'air
C'est un oiseau d'une souveraine élégance aux ailes à incidence
    [variable et profilées comme un planeur
Deux gros dos squameux émergent de l'eau bourbeuse et
    [replongent dans la vase
Des régimes de bananes flottent à vau-l'eau
Depuis que nous sommes là trois nouveaux cargos ont surgi
    [derrière nous silencieux et las
La chaleur les écrase

Vie

Le *Formose* évite sur son ancre et nous virons imperceptiblement
    [de bord
Une embarcation se détache de la rive
C'est une pirogue taillée dans un tronc d'arbre
Elle est montée par deux petits moricauds
L'un est couché sur le dos immobile
L'autre accroupi à l'avant pagaie nonchalamment
Le soleil joue sur les deux faces de sa pagaie
Ils font lentement le tour du bateau puis retournent à la rive

A estibordo

Uma fragata paira no ar
É um pássaro de soberana elegância com asas de angulação
    [variável e desenhadas como um planador
Dois grandes dorsos escamosos emergem da água barrenta
    [e tornam a mergulhar no limo
Pencas de banana flutuam ao sabor da corrente
Desde que chegamos já surgiram mais três cargueiros
    [atrás de nós silenciosos e cansados
O calor os esmaga

Vida

O *Formose* gira ao redor da âncora e nós viramos
    [imperceptivelmente de lado
Uma embarcação se destaca da margem
É uma piroga talhada num tronco de árvore
Tripulada por dois moreninhos
Um deles está deitado de costas imóvel
O outro acocorado à proa rema indolentemente
O sol rebrilha nos dois lados do remo
Dão lentamente uma volta ao redor do barco depois voltam à margem

La plage de Guarujà

Il est quatorze heures nous sommes enfin à quai
J'ai découvert un paquet d'hommes à l'ombre dans l'ombre
    [ramassée d'une grue
Certificats médicaux passeport douane
Je débarque
Je ne suis pas assis dans l'auto qui m'emporte mais dans de la
    [chaleur molle épaisse rembourrée comme une carrosserie
Mes amis qui m'attendent depuis sept heures du matin sur le quai
    [ensoleillé ont encore tout juste la force de me serrer la main
Toute la ville retentit de jeunes klaxons qui se saluent
De jeunes klaxons qui nous raniment
De jeunes klaxons qui nous donnent faim
De jeunes klaxons qui nous mènent déjeuner sur
    [la plage de Guarujà
Dans un restaurant rempli d'appareils à sous tirs électriques
    [oiseaux mécaniques appareils automatiques qui vous font
    [les lignes de la main gramophones qui vous disent la bonne
    [aventure et où l'on mange de la bonne vieille cuisine
    [brésilienne savoureuse épicée indienne

Bananeraie

Nous faisons encore un tour en auto avant de prendre le train
Nous traversons des bananeraies poussiéreuses
Les abattoirs puants
Une banlieue misérable et une brousse florissante
Puis nous longeons une montagne en terre rouge où
    [s'amoncellent des maisons cubiques peinturlurées en rouge
    [et en bleu noir des maisons de bois construites sur des
    [placers abandonnés
Deux chèvres naines broutent les plantes rares qui poussent au
    [bord de la route deux chèvres naines et un petit cochon bleu

A praia de Guarujá

São duas horas da tarde finalmente atracamos
Descobri um punhado de homens à sombra na sombra
        [encolhida de um guindaste
Certificados médicos passaporte alfândega
Desembarco
Não me sento no carro que me leva e sim num calor mole
        [espesso ensebado como uma carroceria
Meus amigos que me esperam desde as sete horas da manhã
        [no cais sob o sol mal têm forças para me apertar a mão
A cidade inteira ressoa com jovens buzinas que se saúdam
Jovens buzinas que nos reanimam
Jovens buzinas que nos dão fome
Jovens buzinas que nos levam para almoçar na
        [praia de Guarujá
Num restaurante repleto de máquinas a moeda tiros elétricos
        [pássaros mecânicos aparelhos automáticos que leem
        [as linhas da mão gramofones que preveem o futuro e
        [onde se come a boa e velha cozinha brasileira saborosa
        [condimentada indígena

Bananal

Damos mais uma volta antes de tomar o trem
Atravessamos os bananais poeirentos
Os matadouros fedorentos
Uma periferia miserável e um matagal florescente
Depois margeamos uma montanha de terra roxa em
        [que se amontoam casas cúbicas besuntadas
        [de vermelho e de azul escuro casas de madeira
        [construídas sobre garimpos abandonados
Duas cabras anãs pastam as plantas raras que medram
        [à beira da estrada duas cabras anãs e um porquinho azul

85

Mictorio

Le mictorio c'est les W.-C. de la gare
Je regarde toujours cet endroit avec curiosité quand j'arrive dans
      [un nouveau pays
Les lieux de la gare de Santos sont un petit réduit où une
            [immense terrine qui me rappelle les grandes jarres qui sont
            [dans les vignes en Provence où une immense terrine est
            [enfouie jusqu'au col dans le sol
Un gros boudin de bois noir large épais est posé en couronne
            [sur le bord et sert de siège
Cela doit être bien mal commode et trop bas
C'est exactement le contraire des tinettes de la Bastille qui elles
            [sont trop haut perchées

Les tinettes de la Bastille

Les tinettes de la Bastille servent encore dans les cachots de la
            [caserne de Reuilly à Paris
Ce sont des pots de grès en forme d'entonnoir renversé d'environ
            [un mètre trente-cinq de haut
Elles sont au centre des cachots la partie la plus évasée reposant
            [sur le sol et le petit bout la partie la plus étroite en l'air
C'est dans cette espèce d'embouchure de trompette qui est
            [beaucoup trop haut placée que le soldat puni de cachot
            [doit réussir à faire ses besoins
Sans rien laisser choir à l'extérieur sinon il rebiffe pour la même
            [durée de taule
C'est le supplice de Tantale à rebours
Au début de la guerre j'ai connu des poilus qui pour ce motif et
            [de vingt-quatre en vingt-quatre heures ont passé des mois au
            [cachot puis ils finissaient par passer au tourniquet comme
            [fortes têtes
On racontait que ces tinettes étaient les anciennes tinettes de
            [l'ancienne prison de la Bastille

Mictório

O mictório é o WC da estação
Sempre observo esse lugar com curiosidade quando
    [chego a um novo país
As latrinas da estação de Santos são um pequeno reduto onde uma
    [imensa bacia que me recorda os grandes jarros que se
    [enterram nos vinhedos da Provença uma imensa bacia está
    [pois enterrada no chão até a borda
Uma tábua de madeira preta grande e grossa
    [coroa a borda e serve de assento
Parece bem incômodo e muito baixo
É o exato oposto das latrinas da Bastilha que são altas demais

As latrinas da Bastilha

As latrinas da Bastilha ainda estão em uso nos
    [calabouços da caserna de Reuilly em Paris
São potes de argila em forma de funil invertido com mais
    [ou menos um metro e trinta e cinco de altura
Ficam no centro dos calabouços a parte mais aberta
    [repousando sobre o chão e a pontinha da
    [parte mais estreita virada para cima
É nessa espécie de embocadura de corneta bem levantada
    [que o soldado punido com prisão deve conseguir
    [fazer suas necessidades
Sem deixar cair nada para fora se não quiser
    [repetir a pena atrás das grades
É o suplício de Tântalo às avessas
No começo da guerra conheci recrutas que por essa razão
    [e de vinte e quatro em vinte e quatro horas passaram
    [meses no calabouço antes de terminar numa corte
    [marcial por indisciplina
Contavam que essas latrinas eram as antigas latrinas
    [da antiga prisão da Bastilha

São-Paulo Railway Co

Le rapide est sous pression
Nous nous installons dans un Pullman pompéien qui ressemble
    [aux confortables wagons des chemins de fer égyptiens
Nous sommes autour d'une table de bridge dans de larges
    [fauteuils d'osier
Il y a un bar au bout du wagon où je bois le premier café de Santos
Au départ nous croisons un convoi de wagons blancs qui portent
    [cette inscription
Caloric Cy.
Tu parles
J'étouffe

Paysage

La terre est rouge
Le ciel est bleu
La végétation est d'un vert foncé
Ce paysage est cruel dur triste malgré la variété infinie
    [des formes végétatives
Malgré la grâce penchée des palmiers et les bouquets éclatants
    [des grands arbres en fleur de carême

São Paulo Railway Co.[12]

A caldeira do rápido juntou pressão
Nós nos instalamos num Pullman pompeiano que se parece
    [aos confortáveis vagões das ferrovias egípcias
Estamos sentados ao redor de uma mesa de bridge em
    [grandes poltronas de vime
Há um bar ao fim do vagão onde bebo meu primeiro café de Santos
Na hora de partir cruzamos uma composição de vagões
    [brancos que levam a inscrição
Caloric Cy.
De fato
Eu sufoco

Paisagem

A terra é roxa
O céu é azul
A vegetação é de um verde-escuro
Esta paisagem é cruel dura triste apesar da variedade
    [infinita das formas vegetais
Apesar da graça pênsil das palmeiras e dos buquês deslumbrantes
    [das grandes quaresmeiras em flor

Dans le train

Le train va assez vite
Les signaux aiguilles et passages à niveau fonctionnent comme
    [en Angleterre
La nature est d'un vert beaucoup plus foncé que chez nous
Cuivrée
Fermée
La forêt a un visage d'indien
Tandis que le jaune et le blanc dominent dans nos prés
Ici c'est le bleu céleste qui colore les campos fleuris

Paranapiacaba

Le Paranapiacaba est la Serra do Mar
C'est ici que le train est hissé par des câbles et franchit la dure
    [montagne en plusieurs sections
Toutes les stations sont suspendues dans le vide
Il y a beaucoup de chutes d'eau et il a fallu entreprendre de grands
    [travaux d'art pour étayer partout la montagne qui s'effrite
Car la Serra do Mar est une montagne pourrie comme les Rognes
    [au-dessus de Bionnasay mais les Rognes couvertes de
    [forêts tropicales
Les mauvaises herbes qui poussent sur les talus dans la tranchée
    [entre les voies sont toutes des plantes rares qu'on ne voit à
    [Paris que dans les vitrines des grands horticulteurs
Dans une gare trois métis indolents étaient en train de les sarcler

No trem

O trem vai bem rápido
Os sinais agulhas e passagens de nível funcionam como
      [na Inglaterra
A natureza é de um verde muito mais escuro que o nosso
Morena
Fechada
A floresta tem cara de índio
Se o amarelo e o branco dominam nossas campinas
Aqui é o azul-celeste que colore os campos floridos

Paranapiacaba

Paranapiacaba fica na Serra do Mar
É aqui que o trem é içado por cabos e transpõe
      [a dura montanha em várias seções
Todas as estações ficam suspensas sobre o vazio
Há muitas quedas d'água e foi preciso empreender
        [grandes obras para arrimar de alto a baixo
        [a montanha que se esfacela
Pois a Serra do Mar é uma montanha podre como as
        [Rognes acima de Bionnassay mas as Rognes
        [cobertas de florestas tropicais
As ervas daninhas que crescem nas bordas do talude
        [entre as vias são todas plantas raras que em Paris
        [só se veem nas vitrines dos grandes horticultores
Numa estação três mestiços indolentes tratavam de capiná-las

Ligne télégraphique

Vous voyez cette ligne télégraphique au fond de la vallée et dont
    [le tracé rectiligne coupe la forêt sur la montagne d'en face
Tous les poteaux en sont en fer
Quand on l'a installée les poteaux étaient en bois
Au bout de trois mois il leur poussait des branches
On les a alors arrachés retournés et replantés la tête en bas
    [les racines en l'air
Au bout de trois mois il leur repoussait de nouvelles branches ils
    [reprenaient racines et recommençaient à vivre
Il fallut tout arracher et pour rétablir une nouvelle ligne faire venir
    [à grands frais des poteaux de fer de Pittsburgh

Trouées

Échappées sur la mer
Chutes d'eau
Arbres chevelus moussus
Lourdes feuilles caoutchoutées luisantes
Un vernis de soleil
Une chaleur bien astiquée
Reluisance
Je n'écoute plus la conversation animée de mes amis qui se
    [partagent les nouvelles que j'ai apportées de Paris
Des deux côtés du train toute proche ou alors de l'autre côté de
    [la vallée lointaine
La forêt est là et me regarde et m'inquiète et m'attire comme
    [le masque d'une momie
Je regarde
Pas l'ombre d'un oeil

Linha telegráfica

O senhor está vendo aquela linha telegráfica no fundo do vale e com
        [um traçado retilíneo que corta a floresta na encosta ali em frente
Todos os postes são de ferro
Quando instalamos os postes eram de madeira
Três meses depois os galhos já brotavam
Então nós arrancamos invertemos e replantamos
        [de cabeça para baixo e raízes no ar
Três meses depois os galhos novos já rebrotavam
        [as raízes cresciam e tudo tornava a viver
Tivemos que arrancar tudo e para restabelecer a linha mandamos
        [vir a bom preço esses postes de ferro de Pittsburgh

Clareiras

Vistas para o mar
Quedas d'água
Árvores cabeludas musgosas
Pesadas folhas emborrachadas luzidias
Um verniz de sol
Um calor bem polido
Fulgor
Já não escuto a conversa animada dos meus amigos que compartilham
        [entre si as novidades que eu trouxe de Paris
Dos dois lados do trem bem perto ou senão do outro
        [lado do vale ao longe
Está a floresta que me olha e me inquieta e me atrai
        [como a máscara de uma múmia
Eu espreito
Nem sombra de um olho

Visage raviné

Il y a des frondaisons de la forêt les frondaisons
Cette architecture penchée ouvragée comme la façade d'une
   [cathédrale avec des niches et des enjolivures des masses
   [perpendiculaires et des fûts frêles

Piratininga

Quand on franchit la crête de la Serra et qu'on est sorti des
   [brouillards qui l'encapuchonnent le pays devient moins inégal
Il finit par n'être plus qu'une vaste plaine ondulée bornée au
   [nord par des montagnes bleues
La terre est rouge
Ce plateau offre des petits bouquets de bois peu élevés d'une
   [étendue peu considérable très rapprochés les uns des
   [autres qui souvent se touchent par quelque point et son
   [disséminés au milieu d'une pelouse presque rase
Il est difficile de déterminer s'il y a plus de terrain couvert de
   [bois qu'il n'y en a de pâturages
Cela fait une sorte de marqueterie de deux nuances de vert bien
   [différentes et bien tranchées
Celle de l'herbe d'une couleur tendre
Celles des bois d'une teinte foncée

Rosto marcado

E há também as ramagens da floresta as ramagens
Essa arquitetura angulosa lavrada como a fachada de uma catedral
        [com nichos e adornos massas perpendiculares e fustes frágeis

Piratininga

Quando se transpõe a crista da Serra e se sai dos nevoeiros
        [que a encobrem a região se torna menos acidentada
Não é mais que uma vasta planície ondulada limitada ao
        [norte pelas montanhas azuis
A terra é roxa
Esse platô oferece pequenos buquês de bosques pouco
        [elevados de extensão pouco considerável muito
        [próximos uns dos outros que acabam por se tocar
        [em algum ponto e que estão disseminados por
        [uma campina quase rasa
É difícil determinar se há mais terreno coberto de bosques
        [do que pastos
O resultado é uma marchetaria de dois tons de verde bem
        [diferentes e bem distintos
O da relva é de uma cor suave
O dos bosques é de uma tez escura

Botanique

L'araucaria attire les regards
On admire sa taille gigantesque
Et surtout ses branches
Qui nées à différentes hauteurs
S'élèvent en manière de candélabre
Et s'arrêtent toutes au même point pour former un plateau
      [parfaitement égal
On voit aussi le grand seneçon aux fleurs d'un jaune d'or
      [les myrtées
Les térébinthacées
La composée si commune qu'on nomme Alecrim do campo
      [le romarin des champs
Et le petit arbre à feuilles ternées nº 1204 bis
Mais mon plus grand bonheur est de ne pas pouvoir mettre de nom
      [sur des tas de plantes toutes plus belles les unes que les autres
Et que je ne connais pas
Et que je vois pour la première fois
Et que j'admire

Botânica

A araucária atrai os olhares
Admiramos seu tamanho gigantesco
E sobretudo seus galhos
Que nascidos a diferentes alturas
Elevam-se à maneira de um candelabro
E se detêm todos no mesmo ponto para formar
      [um platô perfeitamente reto
Vemos também a grande margarida dos campos de flores
      [de um amarelo-ouro as mirtáceas
As terebintáceas
A composta tão comum que se chama alecrim do campo
E a arvorezinha de folhas ternadas nº 1204 bis
Mas minha maior alegria é de não saber dar nome
      [a tantas plantas umas mais belas que as outras
E que eu não conheço
E que eu vejo pela primeira vez
E que eu admiro

Ignorance

Je n'écoute plus toutes les belles histoires que l'on me raconte
        [sur l'avenir le passé le présent du Brésil
Je vois par la portière du train qui maintenant accélère sa marche
La grande fougère ptéris caudata
Qu'il n'y a pas un oiseau
Les grandes fourmilières maçonnées
Que les lys forment ici des buissons impénétrables
Les savanes se composent tantôt d'herbes sèches et de
        [sous-arbrisseaux tantôt au milieu des herbes d'arbres épars
        [çà et là presque toujours tortueux et rabougris
Que les ricins atteignent plusieurs mètres de hauteur
Il y a quelques animaux dans les prés des boeufs à longues cornes
        [des chevaux maigres à allure de moustang et des taureaux zébus
Qu'il n'y a aucune trace de culture
Puis je ne sais plus rien de tout ce que je vois
Des formes
Des formes de végétation
Des palmiers des cactus on ne sait plus comment appeler ça des
        [manches à balai surmontés d'aigrettes roses il paraît que c'est
        [un fruit aphrodisiaque

Ignorância

Já não escuto todas as belas histórias que me contam
     [sobre o futuro o passado o presente do Brasil
Vejo pela portinhola do trem que agora acelera a marcha
A grande samambaia *Pteris caudata*
Que não há nenhum pássaro
Os grandes cupinzeiros herméticos
Que aqui os lírios formam arbustos impenetráveis
As savanas se compõem ora de ervas secas e mato baixo
     [ora de árvores esparsas aqui e acolá no meio
     [das ervas quase sempre tortuosas e raquíticas
Que os rícinos chegam a vários metros de altura
Há alguns animais nas campinas bois de chifre comprido
     [cavalos magros com jeito de *mustang* e touros zebus
Que não há nenhum traço de cultivo
Depois já não sei mais nada do que estou vendo
Formas
Formas de vegetação
Palmeiras cactos já não sei como chamar esses cabos de
     [vassoura coroados por um penacho cor-de-rosa
     [parece que é uma fruta afrodisíaca

São Paulo

Enfin voici des usines une banlieue un gentil petit tramway
Des conduites éléctriques
Une rue populeuse avec des gens qui vont faire leurs emplettes
    [du soir
Un gazomètre
Enfin on entre en gare
Saint-Paul
Je crois être en gare de Nice
Ou débarquer à Charring-Cross à Londres
Je trouve tous mes amis
Bonjour
C'est moi

Le Havre — Saint-Paul, février 1924

São Paulo

Eis aqui por fim as fábricas um bairro de periferia um bondinho
    [gracioso
Os fios de eletricidade
Uma rua populosa com gente que sai à noite para fazer as compras
Um gasômetro
Finalmente chegamos à estação
São Paulo
Tenho a impressão de estar na estação de Nice
Ou de desembarcar na Charing Cross de Londres
Encontro meus amigos
Bom dia
Sou eu

Havre — São Paulo, fevereiro de 1924

II. SÃO PAULO

Debout

La nuit s'avance
Le jour commence à poindre
Une fenêtre s'ouvre
Un homme se penche au dehors en fredonnant
Il est en bras de chemise et regarde de par le monde
Le vent murmure doucement comme une tête bourdonnante

La ville se réveille

Les premiers trams ouvriers passent
Un homme vend des journaux au milieu de la place
Il se démène dans les grandes feuilles de papier qui battent
        [des ailes et exécute une espèce de ballet à lui tout seul
        [tout en s'accompagnant de cris gutturaux... STADO...
        [ERCIO... EIO...
Des klaxons lui répondent
Et les premières autos passent à toute vitesse

Klaxons électriques

Ici on ne connaît pas la Ligue du Silence
Comme dans tous les pays neufs
La joie de vivre et de gagner de l'argent s'exprime par la voix
        [des klaxons des pots d'échappement ouverts

II. SÃO PAULO

Acordado

A noite avança
O dia quer despontar
Uma janela se abre
Um homem se debruça para fora e cantarola
Está em mangas de camisa e espia o mundo
O vento murmura baixinho feito uma cabeça que zumbe

A cidade desperta

Os primeiros bondes operários passam
Um homem vende jornais no meio da praça
Ele se agita entre as grandes folhas de papel que batem as asas
    [e executa uma espécie de balé só seu enquanto
    [se acompanha de gritos guturais ...STADO
    [...ÉRCIO ...EIO
As buzinas respondem
E os primeiros carros passam a toda velocidade

Buzinas elétricas

Aqui ninguém sabe da Liga do Silêncio
Como em todos os países novos
A alegria de viver e de ganhar dinheiro se exprime pela voz
    [pelas buzinas pelos tubos de escapamento abertos

Menu fretin

Le ciel est d'un bleu cru
Le mur d'en face est d'un blanc cru
Le soleil cru me tape sur la tête
Une négresse installée sur une petite terrasse fait frire de tout
      [petits poissons sur un réchaud découpé dans une vieille
      [boîte à biscuits
Deux négrillons rongent une tige de canne à sucre

Paysage

Le mur ripoliné de la PENSION MILANESE s'encadre dans ma fenêtre
Je vois une tranche de l'avenue São João
Trams autos trams
Trams-trams trams trams
Des mulets jaunes attelés par trois tirent de toutes petites
      [charrettes vides
Au-dessus des poivriers de l'avenue se détache l'enseigne géante
      [de la CASA TOKIO
Le soleil verse du vernis

Arraia miúda

O céu é de um azul cru
A parede em frente é de um branco cru
O sol cru me castiga a cabeça
Uma negra instalada num puxadinho frita minúsculos
        [peixinhos num fogareiro recortado numa velha
        [lata de biscoitos
Dois negrinhos roem um rolete de cana-de-açúcar

Paisagem

A parede repintada da PENSÃO MILANESE se enquadra na minha janela
Vejo um trecho da avenida São João
Bondes carros bondes
Bondes-bondes bondes bondes
Burros amarelentos atrelados de três em três
        [puxam charretinhas vazias
Acima das pimenteiras da avenida destaca-se
        [o anúncio gigante da CASA TOKIO
O sol verte verniz

Saint-Paul

J'adore cette ville
Saint-Paul est selon mon coeur
Ici nulle tradition
Aucun préjugé
Ni ancien ni moderne
Seuls comptent cet appétit furieux cette confiance absolue cet
      [optimisme cette audace ce travail ce labeur cette spéculation
      [qui font construire dix maisons par heure de tous styles
      [ridicules grotesques beaux grands petits nord sud égyptien
      [yankee cubiste
Sans autre préoccupation que de suivre les statistiques prévoir
      [l'avenir le confort l'utilité la plus-value et d'attirer une
      [grosse immigration
Tous les pays
Tous les peuples
J'aime ça
Les deux trois vieilles maisons portugaises qui restent sont des
      [faïences bleues

São Paulo

Adoro esta cidade
São Paulo é ao meu gosto
Nenhuma tradição aqui
Nenhum preconceito
Nem antigo nem moderno
    Só contam esse apetite furioso essa confiança absoluta
    [esse otimismo essa audácia esse trabalho essa labuta
    [essa especulação que constróem dez casas por hora de todos
    [os estilos ridículos grotescos belos grandes pequenos norte
    [sul egípcio ianque cubista
Sem outra preocupação além de seguir as estatísticas
    [prever o futuro o conforto a utilidade a mais-valia
    [e de atrair uma forte imigração
Todos os países
Todos os povos
Adoro isso
As duas três velhas casas portuguesas que sobraram
    [são faianças azuis

III.

Départ

Pour la dernière fois je reprends le caminho do Mar
Mais je n'en jouis pas à cause de Oswald qui a le cafard
Et qui fait le sombre ténébreux
La Serra est dans le brouillard
L'auto a des à-coups
Le moteur des ratés

À quai

Au revoir mes bons amis Au revoir
Rentrez vite à São Paulo avant la nuit
On parle une dernière fois des mitrailleuses de la révolution
Moi je reste seul à bord de ce grand bateau hollandais plein de Boches
        [de Hollandais d'Argentins enfantins brillants
        [cosmétiqués et de 2-3 faux Anglais
Les émigrants espagnols rentrent dans leur pays
Ils ont gagné un peu d'argent puisqu'il peuvent se payer un billet
        [de retour et ils ont l'air bien content
Un couple danse au son d'un accordéon
C'est encore une jota

III.

Partida

Pela última vez eu retomo o caminho do Mar
Mas não aproveito por causa de Oswald que está de fossa
E que anda sombrio e tenebroso
A Serra está sob a névoa
O carro engasga
O motor falha

No cais[13]

Adeus meus bons amigos Adeus
Voltem logo para São Paulo antes do anoitecer
Falamos uma última vez das metralhadoras da revolução
E eu fico sozinho a bordo deste grande navio holandês cheio de
    [boches de holandeses de argentinos infantis reluzentes
    [cosmeticados e de 2-3 falsos ingleses
Os emigrantes espanhóis voltam para casa
Ganharam algum dinheiro uma vez que podem pagar a
    [passagem de volta e parecem felizes da vida
Um casal dança ao som de um acordeão
É de novo uma *jota*

Cabine 2

C'est la mienne
Elle est toute blanche
J'y serai très bien
Tout seul
Car il me faut beaucoup travailler
Pour rattraper les 9 mois au soleil
Les 9 mois au Brésil
Les 9 mois aux Amis
Et je dois travailler pour Paris
C'est pourquoi j'aime déjà ce bateau plein de vilains gens où
        [je ne vois personne avec qui faire causette

À table

J'ai donné un bon pourboire au maître d'hôtel pour avoir
        [dans un coin une petite table à moi tout seul
Je ne ferai pas de connaissances
Je regarde les autres et je mange
Voici le premier menu de goût européen
J'avoue que je mange avec plaisir ces plats d'Europe
Potage Pompadour
Culotte de bœuf à la bruxelloise
Perdreau sur canapé
Le goût est le sens plus atavique le plus réactionnaire le plus national
Analytique
Aux antipodes de l'amour du toucher du toucher de l'amour en pleine
        [évolution et croissance universelle
Révolutionnaire
Synthétique

Cabine 2

É a minha
É toda branca
Vou estar bem aqui
Bem sozinho
Porque preciso trabalhar muito
Para recuperar os 9 meses ao sol
Os 9 meses ao Brasil
Os 9 meses aos amigos
E tenho que trabalhar para Paris
É por isso que já gostei deste navio cheio de gente sem graça
    [onde não vejo ninguém para puxar conversa

À mesa

Dei uma bela gorjeta ao *maître* para conseguir só para mim
    [uma mesinha num canto
Não vou travar relações
Observo os outros e como
É o primeiro menu de sabor europeu
Confesso que como com prazer esses pratos da Europa
Sopa Pompadour
Alcatra à moda de Bruxelas
Perdiz em canapé
O paladar é o sentido mais atávico mais reacionário mais nacional
Analítico
Nos antípodas do amor do tato do tato do amor em plena
    [evolução e expansão universal
Revolucionário
Sintético

Retard

Il est près de deux heures du matin et nous ne partons toujours pas
On n'arrête pas d'embarquer du café
Les sacs vont vont et vont sur les monte-charge continus et tombent
        [à fond de cale comme les porcs gonflés de Chicago
J'en ai marre
Je vais me coucher

Réveil

Je suis nu
J'ai déjà pris mon bain
Je me frictionne à l'eau de Cologne
Un voilier lourdement secoué passe dans mon hublot
Il fait froid ce matin
Il y a de la brume
Je range mes papiers
J'établis un horaire
Mes journées seront bien remplies
Je n'ai pas une minute à perdre
J'écris

La brise

Pas un bruit pas une secousse
Le *Gelria* tient admirablement la mer
Sur ce paquebot de luxe avec ses orchestres tziganes dans chaque
        [cache-pot on se lève tard
La matinée m'appartient
Mes manuscrits sont étalés sur ma couchette
La brise les feuillette d'un doigt distrait
Présences

Atraso

São quase duas horas da manhã e ainda não partimos
Não param de embarcar café
Os sacos vão vão e vão pelos monta-cargas contínuos e caem
        [no fundo do porão como os porcos inchados de Chicago
Estou farto
Vou dormir

Despertar

Estou nu
Já tomei meu banho
Eu me fricciono com água de Colônia
Um veleiro que sacode a valer passa pela minha escotilha
Faz frio hoje de manhã
Baixou um nevoeiro
Arrumo meus papéis
Monto um horário
Meus dias serão bem cheios
Não tenho um minuto a perder
Escrevo

A brisa

Nenhum ruído nenhuma sacudida
O *Gelria* porta-se admiravelmente no mar
Neste cruzeiro de luxo com suas orquestras ciganas em cada
        [vaso de flores todo mundo acorda tarde
A manhã é minha
Meus manuscritos se espalham em cima da cama
Folheados pela brisa com um dedo distraído
Presenças

Rio de Janeiro

Une lumière éclatante inonde l'atmosphère
Une lumière si colorée et si fluide que les objets qu'elle touche
Les rochers roses
Le phare blanc qui les surmonte
Les signaux du sémaphore en semblent liquéfiés
Et voici maintenant que je sais le nom des montagnes qui
      [entourent cette baie merveilleuse
Le Géant couché
La Gavéa
Le Bico de Papagaio
Le Corcovado
Le Pain de Sucre que les compagnons de Jean de Léry
      [appelaient le Pot de Beurre
Et les aiguilles étranges de la chaîne des Orgues
Bonjour Vous

Dîner en ville

M. Lopart n'était plus à Rio il était parti samedi
      [par le *Lutetia*
J'ai dîné en ville avec le nouveau directeur
Après avoir signé le contrat de 24 D/N type Grand Sport je l'ai mené
      [dans un petit caboulot sur le port
Nous avons mangé des crevettes grillées
Des langues de dorade à la mayonnaise
Du tatou
(La viande de tatou a le goût de la viande de renne chère à Satie)
Des fruits du pays mamans bananes oranges de Bahia
Chacun a bu son fiasco de chianti

Rio de Janeiro[14]

Uma luz resplandecente inunda a atmosfera
Uma luz tão colorida e tão fluida que os objetos que ela toca
Os rochedos cor-de-rosa
O farol branco que os encima
Os sinais do semáforo parecem liquefeitos
E agora eu sei o nome das montanhas que rodeiam
        [esta baía maravilhosa
O Gigante Adormecido
A Gávea
O Bico do Papagaio
O Corcovado
O Pão de Açúcar que os companheiros de Jean de Léry
        [chamavam de Pote de Manteiga
E as agulhas estranhas da Serra dos Órgãos
Bom dia para vocês

Jantar na cidade

O senhor Lopart não está mais no Rio foi-se embora
        [no sábado com o *Lutetia*
Jantei na cidade com o novo diretor
Depois de assinar o contrato de 24 F/N modelo Grand Sport
        [eu o levei para um boteco no porto
Comemos camarões grelhados
Iscas de dourada com maionese
Tatu
(A carne de tatu tem o gosto da carne de rena que Satie tanto apreciava)
Frutas da terra mamões bananas laranjas Bahia
Cada um bebeu sua garrafa de chianti

Le matin m'appartient

Le soleil se lève à six heures moins le quart
Le vent a beaucoup fraîchi
Le matin le pont m'appartient jusqu'à 9 heures
Je regarde les matelots qui épongent le spardeck
Les hautes vagues
Un vapeur brésilien que nous rattrapons
Un seul et unique oiseau blanc et noir
Quand apparaissent les premières femmes que le vent secoue
     [et les fillettes qu'il trousse en découvrant leur petit derrière
     [hérissé je redescends dans ma cabine
Et me remets au travail

Écrire

Ma machine bat en cadence
Elle sonne au bout de chaque ligne
Les engrenages grasseyent
De temps en temps je me renverse dans mon fauteuil de jonc
     [et je lâche une grosse bouffée de fumée
Ma cigarette est toujours allumée
J'entends alors le bruit des vagues
Les gargouillements de l'eau étranglée dans la tuyauterie du lavabo
Je me lève et trempe ma main dans l'eau froide
Ou je me parfume
J'ai voilé le miroir de l'armoire à glace pour ne pas me voir écrire
Le hublot est une rondelle de soleil
Quand je pense
Il résonne comme la peau d'un tambour et parle fort

A manhã é minha

O sol nasce às quinze para as seis
O vento está bem mais fresco
Pela manhã o convés é meu até as 9 horas
Fico olhando os marinheiros que esfregam o espardeque
As ondas altas
Um vapor brasileiro que ultrapassamos
Um só e único pássaro preto e branco
Quando aparecem as primeiras mulheres que o vento sacode
     [e as mocinhas que ele desarruma deixando à mostra
     [o pequeno traseiro arrepiado eu desço para a minha cabine
E volto ao trabalho

Escrever

Minha máquina bate em cadência
Ela tilinta ao fim de cada linha
As engrenagens roncam
De tanto em tanto eu me estiro na minha poltrona de junco
     [e solto uma bela baforada de fumaça
Meu cigarro está sempre aceso
Então escuto o barulho das ondas
Os gargarejos da água estrangulada na tubulação do lavabo
Eu me levanto e mergulho a mão na água fria
Ou então me perfumo
Tapei o espelho do armário para não me ver escrevendo
A escotilha é uma rodela de sol
Quando penso
Ela ressoa como o couro de um tambor e fala alto

Mauvaise foi

Ce sacré maître d'hôtel à qui j'avais tout de même donné
    [un bon pourboire pour être seul vient me trouver
    [avec son air de chat miteux
Il me prie de la part du commandant de venir prendre place
    [à la table d'honneur
Je suis furieux mais je ne puis refuser
Au dîner il se trouve que le commandant est un homme
    [très sympathique
Je suis entre un attaché d'ambassade à La Haye et un consul
    [anglais à Stockholm
De l'autre côté il y a une sommité mondiale en bactériologie
    [et son épouse qui est une femme douce et gourmande toute
    [blanche de peau avec des yeux ronds et mats
Mes paradoxes antimusicaux et mes théories culinaires
    [secouent la table d'indignation
L'attaché à La Haye trempe son monocle dans le bouillon
Le consul à Stockholm devient vert-congestion comme
    [un pyjama rayé
La sommité bactériologique allonge encore sa tête pointue
    [de furet
Son épouse glousse et se ride du centre vers la périphérie si bien que
    [tout son visage finit par ressembler à un nombril de poussah
Le commandant cligne de l'œil avec malice

Smoking

Il n'y a que les miteux qui n'ont pas de smoking à bord
Il n'y a que les gens trop bien élevées qui ont des smokings à bord
Je mets un petit complet en cheviotte d'Angleterre et la mer est d'un
    [bleu aussi uni que mon petit complet bleu tropical

Má-fé

Esse maldito *maître* a quem eu tinha dado uma bela gorjeta
    [para ficar sozinho vem ao meu encontro com
    [um jeito de gato miserável
Vem me pedir da parte do comandante que tome assento
    [à mesa de honra
Fico furioso mas não posso recusar
Na hora do jantar o comandante vem a ser um sujeito
    [muito simpático
Fico entre um adido de embaixada em Haia e um cônsul
    [inglês em Estocolmo
Do outro lado está uma sumidade mundial em bacteriologia
    [e sua esposa que é uma mulher doce e gulosa de
    [pele bem branca e olhos foscos e redondos
Meus paradoxos antimusicais e minhas teorias culinárias
    [sacodem a mesa de indignação
O adido em Haia deixa o monóculo cair no caldo
O cônsul em Estocolmo fica verde-congestão como um
    [pijama listrado
A sumidade bacteriológica estica ainda mais a cabeça
    [pontuda de furão
A esposa se ri e se enruga do centro para a periferia de tal modo que
    [seu rosto acaba por parecer o umbigo de um buda obeso
O comandante pisca um olho maroto

Smoking

Só os miseráveis não têm smoking a bordo
Só as pessoas muito bem-educadas têm smoking a bordo
Visto um terninho de lã inglesa e o mar é de um azul quase
    [tão uniforme quanto meu terninho azul-tropical

La nuit monte

J'ai bien observé comment cela se passait
Quand le soleil est couché
C'est la mer qui s'assombrit
Le ciel conserve encore longtemps une grande clarté
La nuit monte de l'eau et encercle lentement tout l'horizon
Puis le ciel s'assombrit à son tour avec lenteur
Il y a un moment où il fait tout noir
Puis le noir de l'eau et le noir du ciel reculent
Il s'établit une transparence éburnéenne avec des reflets
     [dans l'eau et des poches obscures au ciel
Puis le Sac à Charbon sous la Croix du Sud
Puis la Voie Lactée

Traversée sans histoire

Hollande Hollande Hollande
Fumée plein le fumoir
Tziganes plein l'orchestre
Fauteuils plein le salon
Familles familles familles
Trous plein les bas
Et les femmes qui tricotent qui tricotent

Chaleur

De la Plata à Pernambouc il y a six jours en transatlantique rapide
On voit souvent la côte mais pas un seul oiseau
Comme à l'intérieur de l'immense État de Saint-Paul on reste des jours
     [entiers à rouler sur les routes dans la poussière
Sans faire lever un seul oiseau
Tant il fait chaud

A noite sobe[15]

Observei bem como a coisa se dava
Quando o sol se põe
Primeiro é o mar que escurece
O céu fica bem claro por muito tempo ainda
A noite sobe da água e cerca lentamente o horizonte todo
Depois é a vez do céu escurecer devagar
Há um momento em que tudo fica preto
Depois o preto da água e o preto do céu recuam
Então se firma uma transparência ebúrnea com reflexos
        [n'água e bolsões obscuros no céu
Depois o Saco de Carvão sob o Cruzeiro do Sul
Depois a Via Láctea

Travessia sem história

Holanda Holanda Holanda
Cheio de fumaça o *fumoir*
Cheia de ciganos a orquestra
Cheio de poltronas o salão
Famílias famílias famílias
Cheias de furos as meias
E as mulheres que tricotam que tricotam

Calor

De La Plata a Pernambuco são seis dias em transatlântico rápido
Volta e meia vemos a costa mas nenhum pássaro
Assim como no interior do imenso estado de São Paulo dá para passar
        [dias inteiros rodando pelas estradas em meio à poeira
Sem que fuja um único pássaro
De tanto calor que faz

Cap Frie

J'ai entendu cette nuit une voix d'enfant derrière ma porte
Douce
Modulée
Pure
Ça m'a fait du bien

Incognito dévoilé

Voici déjà quelques jours que j'intriguais énormément
        [mes compagnons de table
Il se demandaient ce que je pouvais bien être
Je parlais bactériologie avec la sommité mondiale
Femmes et boîtes de nuit avec le commandant
Théories kantiennes de la paix avec l'attaché à La Haye
Affaires de fret avec le consul anglais
Paris cinéma musique banque vitalisme aviation
Ce soir à table comme je lui faisais un compliment la femme
        [de la sommité mondiale dit C'est vrai
Monsieur est poète
Patatras
Elle l'a appris de la femme du jockey qui est en deuxième
Je ne puis pas lui en vouloir car son sourire en forme de nombril
        [gourmand m'amuse plus que tout au monde
Je voudrais bien savoir comment elle arrive à si bien plisser un visage
        [grassouillet et rond

Cabo Frio

Escutei hoje à noite uma voz de criança atrás da minha porta
Suave
Modulada
Pura
Fez bem pra mim

Incógnito desmascarado

Já fazia dias que eu intrigava enormemente
    [meus companheiros de mesa
Eles se perguntavam quem afinal eu podia ser
Eu falava de bacteriologia com a sumidade mundial
De mulheres e boates com o comandante
De teorias kantianas sobre a paz com o adido em Haia
De assuntos de frete com o cônsul inglês
De Paris cinema música bancos vitalismo aviação
Hoje à noite à mesa quando eu lhe fazia um elogio a mulher
    [da sumidade mundial disse É verdade que
O senhor é poeta
Patatrás!
Ela ficou sabendo da mulher do jóquei que está na segunda classe
Não consigo me zangar pois seu sorriso em forma de umbigo glutão
    [me diverte mais que tudo neste mundo
Eu queria é saber como ela faz para enrugar tão bem um rosto
    [tão gorducho e tão redondo

Nourrices et sports

Il y a plusieurs nourrices à bord
Des sèches et des pas sèches
Quand on joue aux palets sur le pont
Chaque fois que la jeune Allemande se penche elle montre deux
        [petits seins blottis au fond de son corsage
Tous les hommes du passager des premières aux matelots connaissent
        [ce jeu et tous passent par le pont bâbord pour voir ces deux
        [choses rondes au nid
On doit en parler jusque dans la cambuse
Au bout d'un banc
Dans un coin sombre
Un nourrisson se pend et fait gicler un grand sein de négresse
        [abondant et gommeux comme un régime de bananes

Vie dangereuse

Aujourd'hui je suis peut-être l'homme le plus heureux du monde
Je possède tout ce que je ne désire pas
Et la seule chose à laquelle je tienne dans la vie chaque tour
        [de l'hélice m'en rapproche
Et j'aurai peut-être tout perdu en arrivant

Coquilles

Les fautes d'ortographe et les coquilles font mon bonheur
Il y a des jours où j'en ferais exprès
C'est tricher
J'aime beaucoup les fautes de prononciation les hésitations
        [de la langue et l'accent de tous les terroirs

Amas e esporte

Há várias amas a bordo
As secas e as não secas
Na hora de jogar *shuffleboard* no convés
Cada vez que se inclina a jovem alemã mostra dois seios
     [pequenos encolhidos no fundo do corpete
Todos os homens do passageiro da primeira classe aos marinheiros
     [conhecem o jogo e todos passam pelo convés de bombordo
     [para ver essas duas coisas redondas em seu ninho
Devem falar a respeito até na despensa
Na ponta de um banco
Num canto à sombra
Uma criança de peito se inclina e faz jorrar um grande seio de
     [negra abundante e maleável como uma penca de bananas

Vida perigosa

Hoje é bem capaz que eu seja o homem mais feliz do mundo
Possuo tudo que não desejo
E a única coisa que me importa na vida vai ficando mais
     [perto a cada giro da hélice
E talvez eu tenha perdido tudo quando chegar

Gralhas

Os erros de ortografia e as gralhas me deixam feliz da vida
Há dias em que dá vontade de fazer de propósito
Mas seria trapaça
Gosto muito dos erros de pronúncia das hesitações
     [da língua e do sotaque de todos os rincões

Un jour viendra

Un jour viendra
La technique moderne n'y suffit plus
Chaque traversée coûte un million aux électeurs
Avec les avions et les dirigeables cela coûtera dix millions
Les câbles sous-marins ma cabine de luxe les roues les travaux
        [des ports les grandes industries mangent de l'argent
Toute cette activité prodigieuse qui fait notre orgueil
Les machines n'y suffisent plus
Faillite
Sur son fumier Job se sert encore de son face-massage
        [électrique
C'est gai

Coucher de soleil

Nous sommes en vue des côtes
Le coucher du soleil a été extraordinaire
Dans le flamboiement du soir
D'énormes nuages perpendiculaires et d'une hauteur folle
Chimères griffons et une grande victoire ailée sont restés toute la nuit
        [au-dessus de l'horizon
Au petit jour tout le troupeau se trouvait réuni jaune et rose
        [au-dessus de Bahia en damier

Virá o dia

Virá o dia
A técnica moderna já não dá conta
Cada travessia custa um milhão aos eleitores
Com os aviões e os dirigíveis vai custar dez milhões
Os cabos submarinos minha cabine de luxo as rodas as obras
        [nos portos as grandes indústrias devoram dinheiro
Toda essa atividade prodigiosa que nos causa tanto orgulho
As máquinas já não dão conta
Falência
Sentado em seu esterco Jó não dispensa o aparelho elétrico
        [de massagem facial
É divertido

Pôr do sol

Estamos à vista da costa
O pôr do sol foi extraordinário
Entre as labaredas da noite
Enormes nuvens perpendiculares e de altura louca
Quimeras grifos e uma grande vitória alada persistiram
        [a noite inteira acima do horizonte
De manhãzinha todo o rebanho estava reunido em amarelo
        [e rosa sobre a Bahia quadriculada

Bahia

Lagunes églises palmiers maisons cubiques
Grandes barques avec deux voiles rectangulaires renversées
      [qui ressemblent aux jambes immenses d'un pantalon
      [que le vent gonfle
Petites barquettes à aileron de requin qui bondissent entre
      [les lames de fond
Grands nuages perpendiculaires renflés colorés
      [comme des poteries
Jaunes et bleues

Hic Haec Hoc

J'ai acheté trois ouistitis que j'ai baptisé Hic Haec Hoc
Douze colibris
Mille cigares
Et une main de bahiana grande comme un pied
Avec ça j'emporte le souvenir du plus bel éclat de rire

Bahia

Lagunas igrejas palmeiras casas cúbicas
Grandes barcos com duas velas retangulares reviradas
        [que parecem as pernas imensas de um par
        [de calças enfunadas pelo vento
Barquinhos com velas feito barbatanas que
        [saltitam entre os vagalhões
Grandes nuvens perpendiculares bojudas coloridas
        [como cerâmicas
Amarelas e azuis

Hic Haec Hoc

Comprei três saguis que batizei de Hic Haec Hoc
Doze beija-flores
Mil charutos
E uma figa do tamanho de um pé
Junto com a recordação da mais linda gargalhada

Pernambouco

Victor Hugo l'appelle Fernandbouc aux Montagnes Bleues
Et un vieil auteur que je lis Ferdinandbourg aux mille Églises
En indien ce nom signifie la Bouche Fendue
Voici ce que l'on voit aujourd'hui quand on arrive du large et
     [que l'on fait une escale d'une heure et demie
Des terres basses sablonneuses
Une jetée en beton armé et une toute petite grue
Une deuxième jetée en béton armé et une immense grue
Une troisième jetée en béton armé sur laquelle on édifie
     [des hangars en béton armé
Quelques cargos à quai
Une longue suite de baraques numérotées
Et par derrière quelques coupoles deux trois clochers
     [et un observatoire astronomique
Il y a également les tanks de l'*American Petroleum Co* et de la *Caloric*
Du soleil de la chaleur et de la tôle ondulée

Adrienne Lecouvreur et Cocteau

J'ai encore acheté deux tout petits ouistitis
Et deux oiseaux avec des plumes comme en papier moiré
Mes petits singes ont des boucles d'oreilles
Mes oiseaux ont les ongles dorés
J'ai baptisé le plus petit singe Adrienne Lecouvreur l'autre Jean
J'ai donné un oiseau à la fille de l'amiral argentin
     [qui est à bord
C'est une jeune fille bête et qui louche des deux yeux
Elle donne un bain de pied à son oiseau pour lui dédorer les pattes
L'autre chante dans ma cabine dans quelques jours il imitera tous
     [les bruits familiers et sonnera comme ma machine à écrire
Quand j'écris mes petits singes me regardent
Je les amuse beaucoup
Ils s'imaginent qu'ils me tiennent en cage

Pernambuco[16]

Victor Hugo chamava de Fernandbouc das Montanhas Azuis
E um velho autor que estou lendo Ferdinandbourg das Mil Igrejas
Na língua indígena o nome significa Boca Rachada
Eis aqui o que se vê hoje em dia quando se chega de alto-mar e
        [quando se faz uma escala de uma hora e meia
Baixios de terras arenosas
Um molhe de concreto armado e um guindaste pequenino
Um segundo molhe de concreto armado e um guindaste imenso
Um terceiro molhe de concreto armado sobre o qual estão
        [construindo galpões de concreto armado
Alguns cargueiros rentes ao cais
Uma longa sequência de barracões numerados
E atrás de algumas cúpulas dois ou três campanários
        [e um observatório astronômico
Há também os tanques da *American Petroleum Co.* e da *Caloric*
Sol calor e chapa ondulada

Adrienne Lecouvreur e Cocteau[17]

Comprei mais dois saguis pequeninos
E dois passarinhos com penas que parecem de papel *moiré*
Meus macaquinhos usam brincos nas orelhas
Meus passarinhos têm as unhas douradas
Batizei o macaquinho menor de Adrienne Lecouvreur o outro de Jean
Dei um dos passarinhos para a filha do almirante argentino
        [que está a bordo
É uma mocinha boba e vesga dos dois olhos
Ela deu um banho nos pés do passarinho para tirar o dourado das patas
O outro canta na minha cabine em poucos dias vai saber imitar os
        [ruídos familiares e tilintar como a minha máquina de escrever
Quando escrevo os macaquinhos ficam olhando para mim
Eu os divirto muito
Eles imaginam que me trancaram numa gaiola

Chaleur

Je meurs de chaleur dans ma cabine et je ne puis pas aérer pour ne pas
    [exposer ma petite famille de petites bêtes au courant d'air
Tant pis
Je reste dans ma cabine
J'étouffe et j'écris j'écris
J'écris pour leur faire plaisir
Ces petites bêtes sont bien gentilles et moi aussi

Requins

On m'appelle
Il y a des requins dans notre sillage
Deux trois monstres qui bondissent en virant du blanc
    [quand on leur jette des poules
J'achète un mouton que je balance par-dessus bord
Le mouton nage les requins ont peur je suis volé

Entrepont

Je passe la soirée dans l'entrepont et dans le poste de l'équipage
C'est une véritable ménagerie à bord
Bengalis perroquets singes un fourmilier un cachorro do matto
De la marmaille nue
Des femmes qui sentent fort

Calor

Morro de calor na cabine e não posso arejá-la para não expor
    [minha pequena família de bichinhos à corrente de ar
Pouco importa
Fico na cabine
Sufoco e escrevo escrevo
Escrevo para diverti-los
Esses bichinhos são gente boa e eu também

Tubarões

Vêm me chamar
Há tubarões no nosso rastro
Dois ou três monstros que saltam de barriga para cima
    [quando lhes lançam galinhas
Compro um carneiro que lanço por cima da amurada
O carneiro nada os tubarões se assustam joguei dinheiro fora

Convés inferior

Passo a noite no convés inferior e no posto da tripulação
É um verdadeiro zoológico
Bengalis papagaios macacos um tamanduá um cachorro-do-mato
Criançada em pelo
Mulheres que cheiram forte

Un trait

Un trait qui s'estompe
Adieu
C'est l'Amérique
Il y a au-dessus une couronne de nuages
Dans la nuit qui vient une étoile de plus belle eau
Maintenant on va cingler vers l'est et à partir de demain
      [la piscine sera installée sur le pont supérieur

Le charpentier

Hic Haec Hoc sont chez le charpentier
Je ne garde dans ma cabine que l'oiseau et les singes Adrienne et Cocteau
Chez le charpentier c'est plein de perroquets de singes de chiens
      [de chats
Lui est un bonhomme qui fume sa pipe
Il a ces yeux gris des buveurs de vin blanc
Quand on parle il vous répond en donnant de grands coups de rabot
      [qui font sauter des buchies
En vrille
Je le surnomme Robinson Crusoë
Alors il daigne sourire

Je l'avais bien dit

Je l'avais dit
Quand on achète des singes
Il faut prendre ceux qui sont bien vivants et qui vous font presque peur
Et ne jamais choisir un singe doux endormi qui se blottit dans vos bras
Car ce sont des singes drogués qui le lendemain seront féroces
C'est ce qui vient d'arriver à une jeune fille qui a été mordue
      [au nez

Um traço

Um traço que se apaga
Adeus
É a América
Por cima há uma coroa de nuvens
No meio da noite que chega uma estrela da mais bela água
Agora vamos singrar rumo ao leste e a partir de amanhã
        [a piscina será instalada no convés superior

O carpinteiro

Hic Haec Hoc estão com o carpinteiro
Guardo na cabine apenas o pássaro e os macacos Adrienne e Cocteau
A oficina do carpinteiro está cheia de papagaios macacos cachorros
        [gatos
É um bom sujeito que fuma cachimbo
Tem os olhos cinzentos de quem bebe vinho branco
Quando conversamos ele responde batendo forte com a plaina e
        [espalhando lascas de madeira
Em espiral
Eu o apelido de Robinson Crusoé
Então ele se permite um sorriso

Eu bem que disse

Eu bem que disse
Quando se compram macacos
É preciso escolher os que são muito vivazes e quase dão medo
E nunca escolher um macaco bonzinho sonolento que se aninha no colo
Pois são macacos drogados que no dia seguinte são umas feras
É o que acaba de acontecer a uma mocinha que levou uma mordida
        [no nariz

Christophe Colomb

Ce que je perds de vue aujourd'hui en me dirigeant vers l'est c'est ce
    [que Christophe Colomb découvrait en se dirigeant vers l'ouest
C'est dans ces parages qu'il a vu un premier oiseau blanc et noir qui
    [l'a fait tomber à genoux et rendre grâces à Dieu
Avec tant d'émotion
Et improviser cette prière baudelairienne qui se trouve dans
    [son journal de bord
Et où il demande pardon d'avoir menti tous les jours à ses compagnons
    [en leur indiquant un faux point
Pour qu'ils ne puissent retrouver sa route

Rire

Je ris
Je ris
Tu ris
Nous rions
Plus rien ne compte
Sauf ce rire que nous aimons
Il faut savoir être bête et content

Le commandant est un chic type

Le commandant est tout de même un chic type
Hier il a fait monter la piscine pour moi seul
Aujourd'hui sans rien dire à personne et tout simplement
    [pour me faire plaisir
Il fait un crochet
Et longe Fernando de Noronha de si près que je pourrais presque
    [cueillir un bouquet

Cristóvão Colombo

O que vou perdendo de vista hoje ao me dirigir para leste é o que
　　　[Cristóvão Colombo ia descobrindo ao se dirigir para oeste
Foi nestas paragens que ele viu um primeiro pássaro preto e
　　　[branco que o fez cair de joelhos e dar graças a Deus
Com tanta emoção
E improvisar essa prece baudelairiana que se encontra
　　　[em seu diário de bordo
E na qual ele pede perdão por ter mentido todos os dias a seus
　　　[companheiros indicando um ponto falso
Para que não pudessem saber que rota faziam

Rir

Eu rio
Eu rio
Tu ris
Nós rimos
Nada mais importa
Além desse riso que adoramos
É preciso saber ser besta e feliz

O comandante é gente fina

O comandante é mesmo gente fina
Ontem ele mandou montar a piscina só para mim
Hoje sem dizer nada para ninguém e só para me agradar
Ele faz um desvio
E costeia Fernando de Noronha tão de perto que eu
　　　[quase poderia colher um buquê

Fernando de Noronha

De loin on dirait une cathédrale engloutie
De près
C'est une île aux couleurs si intenses que le vert de l'herbe est tout doré

Grotte

Il y a une grotte qui perce l'île de part en part

Pic

Il y a un pic dont personne n'a pu me dire le nom
Il ressemble au Cervin et c'est le dernier pilier de l'Atlantide
Quelle émotion quand je crois découvrir à la lunette les traces
        [d'une terrasse atlante

Plage

Dans une baie
Derrière un promontoire
Une plage de sable jaune et des palmiers de nacre

Bagne

Un mur blanc
Haut comme celui d'un cimetière
Il porte l'inscription suivante en caractères gigantesques que l'on
        [peut très bien déchiffrer à l'oeil nu
Logement des prises

Fernando de Noronha

De longe mais parece uma catedral submersa
De perto
É uma ilha de cores tão intensas que o verde da relva é todo dourado

Gruta

Há uma gruta que perfura a ilha de um lado a outro

Pico

Há um pico que ninguém sabe como se chama
Parece o Cervin e é o último pilar de Atlântida
Que emoção quando penso ter descoberto com o binóculo
[os vestígios de um terraço atlante

Praia

Numa baía
Atrás de um promontório
Uma praia de areia amarela e palmeiras de nácar

Prisão

Um muro branco
Alto como o de um cemitério
Com a seguinte inscrição em caracteres gigantescos que
[dá para decifrar a olhos nus
Alojamento dos presos

Civilisation

Il y a quelques traces de cultures
Quelques maisons
Une station de T. S. F. deux pylônes et deux tours Eiffel
　　　[en construction
Un vieux port portugais
Un calvaire
À la lunette je distingue sur le mur du bagne un homme nu qui
　　　[agite un chiffon blanc
Les nuits sont les plus belles sans lune avec des étoiles immenses et
　　　[la chaleur ne va que grandissante
Comme l'agitation des hélices rend l'eau nocturne de plus en plus
　　　[phosphorescente dans notre sillage

Passagers

Ils sont tous là à faire de la chaise longue
Ou à jouer aux cartes
Ou à prendre le thé
Ou à s'ennuyer
Il y a tout de même un petit groupe de sportifs
　　　[qui jouent aux galets
Ou au deck-tennis
Et un autre petit groupe qui vient nager dans la piscine
La nuit quand tout le monde est couché les fauteuils vides
　　　[alignés sur le pont ressemblent à une collection
　　　[de squelettes dans un musée
Vieilles femmes desséchées
Caméléons pellicules ongles

Civilização

Há alguns traços de plantação
Algumas casas
Uma estação de T. S. F. duas torres de transmissão e duas
        [torres Eiffel em construção
Um velho porto português
Um cruzeiro
Com o binóculo distingo sobre o muro da prisão um homem nu
        [que agita um trapo branco
As noites são das mais lindas sem lua com estrelas imensas
        [e o calor só faz aumentar
Assim como a agitação das hélices torna a água noturna mais
        [e mais fosforescente no nosso rastro

Passageiros

Estão todos estirados nas espreguiçadeiras
Ou jogando baralho
Ou tomando chá
Ou se entediando
Mas pelo menos há um grupinho de esportistas
        [que jogam *shuffleboard*
Ou *deck tennis*
E um outro grupinho que vem nadar na piscina
À noite quando todo mundo foi se deitar as poltronas
        [vazias alinhadas no convés parecem uma
        [coleção de esqueletos num museu
Velhas senhoras ressequidas
Camaleões películas unhas

L'oiseau bleu

Mon oiseau bleu a le ventre tout bleu
Sa tête est d'un vert mordoré
Il a une tache noire sous la gorge
Ses ailes sont bleues avec des touffes de petites plumes jaune doré
Au bout de la queue il y a des traces de vermillon
Son dos est zébré de noir et de vert
Il a le bec noir les pattes incarnat et deux petits yeux de jais
Il adore faire trempette se nourrit de bananes et pousse un cri qui
     [ressemble au sifflement d'un tout petit jet de vapeur
On le nomme le septicolore

Pourquoi

L'oiseau siffle
Les singes le regardent
Maîtrise
Je travaille en souriant
Tout ce qui m'arrive m'est absolument égal
Je suis des yeux quelqu'un qui n'est pas là
J'écris en tournant le dos à la marche du navire
Soleil dans le brouillard
Avance
Retard
Oui

Oiseaux

Les rochers guaneux sont remplis d'oiseaux

O pássaro azul

Meu pássaro azul tem a barriga toda azul
A cabeça é de um verde-cobre
Tem uma mancha negra abaixo da garganta
As asas são azuis com tufos de peninhas amarelo-ouro
Na ponta do rabo há traços de vermelhão
As costas são listradas de preto e de verde
Tem o bico preto as patas encarnadas e dois olhinhos de azeviche
Adora se molhar come bananas e solta um grito que
      [parece o silvo de um jatinho de vapor
O nome é saíra-sete-cores

Por quê

O pássaro assobia
Os macacos ficam de olho
Mestria
Eu trabalho sorridente
Não me importo absolutamente com nada
Sigo com os olhos alguém que não está aqui
Escrevo dando as costas para o avanço do navio
Sol em meio à bruma
Avanço
Atraso
Sim

Pássaros

Os rochedos cobertos de guano estão repletos de pássaros

Jangada

Trois hommes nus au large
Montés sur une jangada ils chassent à la baleine
Trois poutres blanches une voile triangulaire un balancier

Sillage

La mer continue à être d'un bleu de mer
Le temps continue à être le plus beau temps que j'ai jamais
  [connu en mer
Cette traversée continue à être la plus calme et la plus dépourvue
  [d'incidents que l'on puisse imaginer

Bal

Un couple américain danse des danses apaches
Les jeunes Argentines boudent l'orchestre et méprisent
  [cordialement les jeunes gens du bord
Les Portugais éclatent en applaudissements dès qu'on
  [joue un air portugais
Les Français font bande à part rient fort et se moquent
  [de tout le monde
Seules les petites bonnes ont envie de danser dans
  [leurs belles robes
J'invite la nourrice nègre au grand scandale des uns et
  [pour l'amusement des autres
Le couple américain redanse les danses apaches

Jangada

Três homens nus ao largo
Montados numa jangada para caçar baleias
Três troncos brancos uma vela triangular um contrapeso

Rastro

O mar continua a ser de um azul de mar
O tempo continua a ser o melhor tempo que já vi
        [no mar
Esta travessia continua a ser a mais calma e a mais desprovida
        [de incidentes que se possa imaginar

Baile

Um casal americano dança danças apaches
As jovens argentinas desdenham a orquestra e desprezam
        [cordialmente os rapazes a bordo
Os portugueses rompem em aplausos sempre que
        [se toca uma ária portuguesa
Os franceses ficam entre si riem alto e zombam
        [de todo mundo
Só as babás têm vontade de dançar metidas em seus
        [belos vestidos
Convido a ama de leite negra para grande escândalo
        [de uns e diversão de outros
O casal americano redança danças apaches

Podomètre

Quand on fait les cent pas sur le pont...

Pourquoi j'écris

Parce que...

1924

Podômetro

Quando se anda para cima e para baixo no convés...

Por quê eu escrevo

Porque...

1924

SUD-AMÉRICAINES

I

La route monte en lacets
L'auto s'élève brusque et puissante
Nous grimpons dans un tintamarre d'avion qui va plafonner
Chaque tournant la jette contre mon épaule et quand nous virons
      [dans le vide elle se cramponne inconsciente à mon bras et
      [se penche au-dessus du précipice
Au sommet de la serra nous nous arrêtons court devant
      [la faille géante
Une lune monstrueuse et toute proche monte derrière nous
"Lua, lua" murmure-t-elle
Au nom de la lune, mon ami, comment Dieu autorise-t-il ces
      [gigantesques travaux qui nous permirent de passer?
Ce n'est pas la lune, chérie, mais le soleil qui en précipitant
      [les brouillards fit cette énorme déchirure
Regarde l'eau qui coule au fond parmi les débris des montagnes et qui
      [s'engouffre dans les tuyaux de l'usine
Cette station envoie de l'électricité jusqu'à Rio

SUL-AMERICANAS

I

A estrada sobe em zigue-zague
O carro se eleva brusco e possante
Alçamos voo num escarcéu de avião que chega ao limite
Cada curva a projeta contra meu ombro e quando viramos
  [rente ao vazio ela se agarra sem pensar a meu braço
  [e se debruça sobre o precipício
No alto da serra fazemos uma breve parada
  [diante da escarpa gigantesca
Uma lua monstruosa e bem próxima se eleva às nossas costas
"Lua, lua", murmura ela
Em nome da lua, meu amigo, como Deus autoriza essas
  [obras gigantescas que nos permitiram chegar até aqui?
Não é a lua, minha querida, mas o sol que, ao precipitar os nevoeiros,
  [fez esse enorme rasgo
Olhe a água que corre ali ao fundo entre restos de montanha e
  [que se lança pelas tubulações da usina
Essa estação manda eletricidade até o Rio

II

Libertins et libertines
Maintenant nous pouvons avouer
Nous sommes quelques-uns de par le monde
Santé intégrale
Nous avons aussi les plus belles femmes du monde
Simplicité
Intelligence
Amour
Sports
Nous leur avons aussi appris la liberté
Les enfants grandissent avec les chiens les chevaux les oiseaux
        [au milieu des belles servantes toutes rondes et mobiles
        [comme des tournesols

III

Il n'y a plus de jalousie de crainte ou de timidité
Nos amies sont fortes et saines
Elles sont belles et simples et grandes
Et elles savent toutes s'habiller
Ce ne sont pas des femmes intelligentes mais elles sont très perspicaces
Elles n'ont pas peur d'aimer
Elles ne craignent pas de prendre
Elles savent tout aussi bien donner
Chacune d'elles a dû lutter avec sa famille leur position sociale
        [le monde ou autre chose
Maintenant
Elles ont toutes simplifié leur vie et sont pleines d'enfantillages
Plus de meubles plus de bibelots elles aiment les animaux les
        [grandes automobiles et leur sourire
Elles voyagent
Elles détestent la musique mais emportent toutes un phono

II

Libertinos e libertinas
Agora podemos confessar
Somos uns tantos espalhados pelo mundo
Saúde integral
Temos as mulheres mais bonitas do mundo
Simplicidade
Inteligência
Amor
Esportes
Também lhes ensinamos a liberdade
As crianças crescem com os cachorros os cavalos os pássaros
    [entre belas criadas todas roliças e móveis
    [como girassóis

III

Já não há mais ciumeira medo ou timidez
Nossas amigas são fortes e sadias
Elas são belas e simples e altas
E todas elas sabem se vestir
Não são mulheres inteligentes mas são muito perspicazes
Elas não têm medo de amar
Elas não têm medo de possuir
Elas também sabem se entregar
Cada uma delas teve de brigar com a família com o mundo
    [com a condição social ou coisa do gênero
Agora
Todas elas simplificaram a vida e são pródigas de criancices
Nada mais de móveis nem de bibelôs elas gostam de bichos
    [de grandes automóveis e de seus próprios sorrisos
Elas viajam
Elas detestam música mas levam um gramofone na bagagem

IV

Il y en a trois que j'aime particulièrement
La première
Une vieille dame sensible belle et bonne
Adorablement bavarde et d'une souveraine élégance
Mondaine mais d'une gourmandise telle qu'elle s'est libérée
       [de la mondanité
La deuxième est la sauvageonne de l'Hôtel Meurice
Tout le jour elle peigne ses longs cheveux et grignote son rouge
       [de chez Guerlain
Bananiers nourrice nègre colibris
Son pays est si loin qu'on voyage six semaines sur un fleuve
       [recouvert de fleurs de mousses de champignons gros
       [comme des oeufs d'autruche
Elle est si belle le soir dans le hall de l'hôtel que tous les hommes
       [en sont fous
Son sourire le plus aigu est pour moi car je sais rire comme
       [les abeilles sauvages de son pays
La dernière est trop riche pour être heureuse
Mais elle a déjà fait de grands progrès
Ce n'est pas du premier coup que l'on trouve son équilibre
       [et la simplicité de la vie au milieu de toutes les
       [complications de la richesse
Il y faut de l'entêtement
Elle le sait bien elle qui monte si divinement à cheval et qui fait
       [corps avec son grand étalon argentin
Que ta volonté soit comme ta cravache
Mais ne t'en sers pas
Trop
Souvent

IV

Há três delas que eu amo em especial
A primeira
Uma velha senhora sensível bonita e bondosa
Adoravelmente tagarela e de uma soberana elegância
Mundana mas tão gulosa que acabou por se
    [libertar da mundanidade
A segunda é a doidinha do hotel Meurice
Passa o dia penteando seus longos cabelos e mordiscando
    [o batom Guerlain
Bananeiras ama-preta colibris
Seu país fica tão longe que é preciso viajar seis semanas
    [por um rio coberto de musgo de cogumelos do
    [tamanho de ovos de avestruz
Ela é tão bonita à noite no saguão do hotel que todos
    [os homens perdem a cabeça
Seu sorriso mais rasgado é para mim que sei rir como
    [as abelhas selvagens do seu país
A última é rica demais para ser feliz
Mas já fez grandes progressos
Não é assim de primeira que se chega ao equilíbrio
    [e à simplicidade da vida em meio a todas
    [as complicações da riqueza
A coisa pede obstinação
Ela sabe disso ela que monta a cavalo tão divinamente e
    [que se funde ao seu grande garanhão argentino
Que tua vontade seja como a tua chibata
Mas não use dela
Vezes
Demais

V

Il y en a encore une autre qui est encore comme une
      [toute petite fille
Malgré son horrible mari ce divorce affreux et la détention
      [au cloître
Elle est farouche comme le jour et la nuit
Elle est plus belle qu'un oeuf
Plus belle qu'un rond
Mais elle est toujours trop nue sa beauté déborde elle ne sait pas
      [encore s'habiller
Elle mange aussi beaucoup trop et son ventre s'arrondit comme
      [si elle était enceinte de deux petits mois
C'est qu'elle a un tel appétit et une telle envie de vivre
Nous allons lui apprendre tout ça et lui apprendre à s'habiller
Et lui donner les bonnes adresses

VI

Une
Il y en a encore une
Une que j'aime plus que tout au monde
Je me donne à elle tout entier comme une pepsine car elle
      [a besoin d'un fortifiant
Car elle est trop douce
Car elle est encore un peu craintive
Car le bonheur est une chose bien lourde à porter
Car la beauté a besoin d'un petit quart d'heure d'exercice
      [tous les matins

V

Há também outra que ainda mais parece
    [uma garotinha
Apesar do marido horrível do divórcio escabroso
    [e da prisão no claustro
Ela é feroz como o dia e a noite
Ela é mais bela que um ovo
Mais bela que um círculo
Mas ela está sempre nua demais sua beleza transborda
    [ela ainda não sabe se vestir
Ela também come demais e a barriga vai se arredondando
    [como se ela estivesse grávida de bons dois meses
É que ela tem tanto apetite e tanta vontade de viver
Vamos lhe ensinar isso tudo e também a se vestir
E vamos lhe dar os endereços certos

VI

Uma
Há mais uma
Uma que eu amo mais que tudo neste mundo
Eu me entrego a ela por inteiro como uma pepsina
    [pois ela precisa de um tônico
Pois ela é doce demais
Pois ela é um tantinho medrosa ainda
Pois a felicidade é coisa pesada de se carregar
Pois a beleza precisa de quinze minutinhos
    [de exercício toda manhã

VII

Nous ne voulons pas être tristes
C'est trop facile
C'es trop bête
C'est trop commode
On en a trop souvent l'occasion
C'est pas malin
Tout le monde est triste
Nous ne voulons plus être tristes

1924

VII

Não queremos ser tristes
É fácil demais
É besta demais
É cômodo demais
Não falta nunca a ocasião
Não tem graça nenhuma
Todo mundo é triste
Não queremos ser tristes

1924

Poemas inéditos

II. SÃO PAULO

Les bruits de la ville

Tous les bruits
Le renâclement des bennes qui se vident
Le rire des jeunes filles
La cadence multipliée des charpentiers de fer sur leurs échafaudages
Le tocsin des riveuses pneumatiques
Le bourdon des malaxeuses de béton
Tous les déchargements et les tonnerres d'une machinerie
      [nord-américaine qui explose et percute dans cet infernal
      [nuage de plâtras qui enveloppe toujours le centre de São Paulo,
      [où l'on démolit sans cesse pour reconstruire à raison d'une
      [maison par heure ou d'un gratte-ciel par jour et que
      [perce également
Le rire des jeunes filles

II. SÃO PAULO

Os ruídos da cidade

Todos os ruídos
O resfolegar das caçambas que se esvaziam
A risada das moças
A cadência multiplicada dos serralheiros nos andaimes
O tilintar das rebitadoras pneumáticas
O ronco dos tambores de cimento
Todos os estrépitos e trovões de um maquinário
      [norte-americano que explode e ribomba nessa
      [infernal nuvem de caliça que sempre envolve
      [o centro de São Paulo, onde se demole sem parar
      [para reconstruir ao ritmo de uma casa por hora
      [ou um arranha-céu por dia e que também é atravessada
Pela risada das moças

Première promenade matinale

L'auto qui vient me chercher est une grosse Marmon découverte
Pour sortir de la ville la route est épouvantable mais passé
        [le Tiété elle devient bonne
Il y a deux bons chiens dans l'auto
Boche un policier
Sandy un redscott
Un couple d'amis
Et moi

Piritiba
C'est un passage à niveau
Défile un train se composant exclusivement de wagons blancs
        [avec cette inscription
Sorocaba Sorocaba Sorocaba Sorocaba Sorocaba
Le train passé il y a une petite hutte en pisé
Et sur le seuil
Une femme enceinte jaune ravagée
Deux gosses
Et un chien bas à longs poils brunâtres
Le chien est typique me dit mon ami quand vous voyagerez
        [à l'intérieur vous rencontrerez des milliers de huttes
        [semblables et toujours un chien similaire devant la porte
        [quand il y a une porte
Et ce chien n'a pas de race

Ces huttes sont fort petites extrêmement basses obscures bâties
        [avec de la terre battue et des bâtons entrecroisés
Il n'entre dans leur charpente ni tenons ni mortaises ni chevilles
        [ni clous
Les filières étant supportées par quatre poteaux terminés
        [par une fourche et toutes les pièces de bois sont
        [attachées avec des lianes

Primeiro passeio matinal

O carro que vem me buscar é um grande Marmon conversível
A estrada para sair da cidade é um horror mas melhora uma
    [vez cruzado o Tietê
Vamos no carro dois belos cães
Boche um pastor alemão
Sandy um *redscott*
Um casal de amigos
E eu

Pirituba
É uma passagem de nível
Desfila um trem composto exclusivamente de vagões brancos
    [com a seguinte inscrição
Sorocaba Sorocaba Sorocaba Sorocaba Sorocaba
Passado o trem há uma cabaninha de taipa
E na soleira
Uma mulher grávida com amarelão carcomida
Dois moleques
E um cachorro baixinho de longos pelos acastanhados
O cachorro é típico me diz o meu amigo quando você viajar
    [pelo interior vai ver milhares de cabanas semelhantes
    [e sempre um cão parecido diante da porta isso
    [quando há uma porta
E esse cachorro não tem raça

Essas cabanas são muito pequenas extremamente baixas escuras
    [construídas com terra batida e traves cruzadas
Não há em sua construção nem cavilhas nem tarraxas nem
    [pinos nem pregos
As paredes se apoiam em quatro pilares que terminam em
    [forquilha e todas as peças de madeira são
    [amarradas com cipós

La route monte et descend
Montagnes russes
Terre rouge
Les agents voyers sont munis d'un petit drapeau orangé ils
      [égalisent la route à l'aide d'une lourde planche de bois
      [tirée par deux taureaux zébu
On traverse quelques rares hameaux
De toutes petites colonisations de petits colons italiens et des
      [plantations d'arbres fruitiers extrêmement soignées et
      [bien entretenues qui appartiennent généralement à des Japonais
Dans un virage c'est tout à coup la forêt vierge
Des arbres géants aux branches desquels pendent des lichens
      [blanchâtres qui ressemblent à la barbe des vieillards et
      [que la plus légère brise balance
Barbe fleurie de Charlemagne
C'est plein d'arbrisseaux dont le fruit s'appelle vulgairement
      [camboui

Chaleur

La chaleur est terrible
J'ai failli tourner de l'oeil en allant déjeuner
J'allais à pied
Les trottoirs se dérobaient sous mon poids pavés étourdissants
      [de lumière j'avais le vertige
Voulez-vous une bonne recette contre la chaleur me dit l'ami qui
      [me prête sa salle de bain et sa douche
Et tandis que je me réverse sur le corps un litre d'eau
      [de lavande il ajoute
Vous ne voulez plus souffrir de la chaleur? — il suffit de n'y pas penser
Je n'y pense plus
En effet
Le troisième jour je n'en souffre plus

A estrada sobe e desce
Montanhas-russas
Terra roxa
Os encarregados da manutenção andam com uma bandeirola
        [laranja eles aplainam a estrada usando uma pesada
        [prancha de madeira arrastada por dois touros zebus
Atravessamos algumas raras aldeias
Pequenas colônias de pequenos colonos italianos e plantações
        [de árvores frutíferas extremamente cuidadas e bem
        [mantidas que em geral pertencem a japoneses
Depois de uma curva aparece de repente a floresta virgem
Árvores gigantes de cujos galhos pendem líquens esbranquiçados
        [que parecem barbas de velhos e que a mais leve brisa
        [já balança
Barba branca de Carlos Magno
Por toda parte há umas arvorezinhas cujo fruto se chama
        [vulgarmente cambuí

Calor

O calor é terrível
Quase descambo na hora de almoçar
Estava caminhando
As calçadas se furtavam sob meus pés blocos
        [ofuscantes de luz senti vertigem
Quer uma boa receita contra o calor me perguntou o amigo
        [que me empresta banheiro e chuveiro
E enquanto eu verto sobre o corpo um litro de água de
        [lavanda ele acrescenta
Se não quiser sofrer com o calor é só não pensar nele
Não penso mais nele
E de fato
No terceiro dia já não sofro mais

Rond-point

Au bout de l'avenue d'Hygienopolis il y a un rond-point
C'est le terminus du tram
Tous les jours quand je descends des nègres sont installés là
        [à l'ombre de trois grands arbres
Ce sont des maçons
Ils déjeunent frugalement et boivent de l'eau claire
Puis ils bourrent leur pipe
Puis il font un somme le ventre en l'air tandis que leurs épouses
        [emportent leur panier à provisions dans une serviette
        [soigneusement blanche
De ce rond-point on a la plus belle vue qui soit sur le
        [Morro de Jaraguà
Le doigt de Dieu présente de loin l'aspect d'une espèce de cône
        [divisé en deux pointes
Les petits mornes qui l'entourent passaient au XVIIe siècle
        [pour le Pérou du Brésil
Les placers sont complètement abandonnés aujourd'hui il n'y a plus
        [que des charbonniers des Polonais qui entourent cette
        [montagne bleue de fumées bleues
À droite il y a une autre montagne bossue toute pelée dans laquelle
        [trois palmiers sont plantés comme trois épingles d'écaille
        [dans un chignon
On dirait une parure de chef une parure de plumes
Dans la grande plaine qui s'étend entre la ville et ses montagnes
        [règne un rapport régulier entre les vents et la position du soleil

Rotatória

No fim da avenida Higienópolis há uma rotatória
É o ponto final do bonde
Todo dia quando desço há uns negros instalados
        [à sombra de três grandes árvores
São pedreiros
Almoçam frugalmente e bebem água cristalina
Depois enchem os cachimbos
E tiram uma soneca de barriga para cima enquanto
        [as esposas levam o cesto de comida envolto
        [num pano escrupulosamente branco
Dessa rotatória se tem a melhor vista possível
        [do Morro do Jaraguá
O Dedo de Deus tem de longe o aspecto de uma espécie
        [de cone partido em duas pontas
Os morrotes a seu redor prometiam ser o Peru do
        [Brasil no século XVII
Os garimpos estão completamente abandonados hoje em dia não
        [restam mais que carvoeiros poloneses que envolvem
        [essa montanha azul em fumaças azuis
À direita há outra montanha corcunda toda pelada
        [em que três palmeiras foram plantadas como três
        [prendedores de tartaruga num coque
Parecem um cocar de chefe um cocar de plumas
Na vasta planície que se estende entre a cidade e suas montanhas
        [reina uma relação regular entre os ventos e a posição do sol

167

Saint-Paul

On m'avait dit
Cendrars n'allez pas à Saint-Paul
C'est une ville affreuse c'est une ville d'Italiens c'est une ville de trams
[et de poussière
C'est vrai qu'il y a beaucoup de trams beaucoup de poussière
Mais c'est la seule ville au monde où les Italiens n'ont pas l'air
[d'être italiens
Je ne sais pas comment les Paulistes ont fait mais ils ont réussi à pétrir
[l'Italien et surtout l'Italienne ici ce sont de bien braves gens et
[l'Italienne sait presque s'habiller
Ça c'est un tour de force

Le bondé

Tram-trams trams trams sonneries de trams
J'ai toujours horreur des trams
Ici je viens d'apprendre que le tram est dans la série des véhicules
[pour le transport en commun ce qu'est l'âne dans la série
[des animaux domestiques
Une petite chose pas cher bien humble qui fait son petit bonhomme
[de chemin qu'on ne choie pas qu'on ne soigne pas qui va partout
[qui porte de bien grosses charges et qui s'arrête souvent

São Paulo

Tinham me dito
Cendrars não vá a São Paulo
É uma cidade medonha é uma cidade de italianos é uma cidade
[de bondes e de poeira
É verdade que há muitos bondes muita poeira
Mas é a única cidade do mundo em que os italianos já não
[parecem italianos
Não sei o que os paulistas fizeram mas moldaram a massa
[dos italianos e sobretudo das italianas que aqui são
[brava gente a italiana quase aprendeu a se vestir
E isso não é para qualquer um

O bonde

Tram-trams trams trams tilintam os bondes
Sempre tive horror aos bondes
Aqui eu acabo de aprender que o bonde é na série dos veículos
[de transporte público o que o burro é na série dos
[animais domésticos
Uma coisa barata bastante humilde que faz lá seu caminhozinho
[que ninguém festeja nem conserta que vai para todo lado
[que carrega cargas pesadas e que volta e meia empaca

Question chaussures

Les chasseurs d'hôtel et les petits garçons de magasin
    [qui font les courses
Ont souvent comme chaussures des souliers de football
    [aux deux pieds ou à l'un ou l'autre pied
J'en ai vus qui couraient et se chaussaient avant d'entrer
    [dans une maison les deux pieds quand ils avaient le temps
    [un seul quand ils avaient musé en route
Les jeunes commis élégants par contre ont des souliers
    [compliqués de plusieurs cuirs de différentes
    [couleurs et pointus pointus pointus et longs
Comme les pieds de Méphistophélès à l'Opéra

A propósito de sapatos

Os mensageiros de hotel e os empregados de lojas
    [que cuidam das compras
Muitas vezes calçam chuteiras nos dois
    [pés ou num dos pés
Vi uns que corriam e calçavam os sapatos antes de
    [entrar numa casa os dois pés se havia tempo
    [um pé só quando tinham folgado pelo caminho
Os jovens caixeiros elegantes por sua vez usam sapatos
    [complicados de vários couros de várias cores
    [e pontudos pontudos pontudos e compridos
Como os pés de Mefistófeles na Ópera

IV. À LA FAZENDA

La plus profonde paix règne dans les champs
Pas un arbre pas une maison à des lieues à la ronde
Rien que de l'herbe de l'herbe brûlée à perte de vue
De loin en loin aux confins de l'horizon et pas plus grands que
      [des moucherons tournent les grands urubus
Le seul bruit que l'on entende est le cricri des grillons
Le soleil implacable flamboie au 40°

Il est à peu près une heure
Le soleil verse des flots de lumière torride sur la plaine desséchée
Un vent brûlant s'est levé
Je ne sais vraiment que faire de moi
J'allume un autre cigare et ayant repris le volume de Scott sur
      [son voyage au Pôle Sud je vais m'asseoir derrière un store
      [de la veranda

Ce petit village est plein de mouvement
Malgré l'heure tardive les éventaires indigènes étalent à la lueur
      [d'une mèche trempant dans de l'huile
Toutes leurs sucreries poussiéreuses
Hommes femmes enfants grouillent comme si le sommeil leur
      [était inconnu et les ménestrels villageois mêlent le bruit
      [de leur rebec aux beuglements des veaux et aux odeurs
      [de raifort des mulets
Après une courte pause nous repartons vers les montagnes
      [cachées dans la nuit
Le spectacle des cieux est magnifique et je m'habitue peu à peu
      [à l'inconfortable véhicule
Le char à boeufs
Ma course me conduit par un sentier escarpé le long de la
      [montagne d'où je commande un magnifique paysage

IV. NA FAZENDA

A mais profunda paz reina nos campos
Nenhuma árvore nenhuma casa num raio de léguas
Nada senão pasto pasto queimado a perder de vista
De longe em longe nos confins do horizonte e não maiores
        [que mosquitos esvoaçam os grandes urubus
O único ruído que se escuta é o cricri dos grilos
O sol implacável arde a 40°

Deve ser uma da tarde
O sol verte ondas de luz tórrida sobre a planície ressequida
Um vento escaldante se ergueu
Simplesmente não sei o que fazer de mim
Acendo um outro charuto e retomando o volume de Scott
        [sobre sua viagem ao polo Sul vou me sentar atrás
        [de uma cortina na varanda

Este lugarejo é bem movimentado
Apesar da hora tardia os ambulantes locais exibem à luz
        [de uma mecha embebida em óleo
Todos a sua doçaria poeirenta
Homens mulheres crianças formigam como se ignorassem
        [o sono e os menestréis do lugar misturam o ruído
        [das rabecas aos mugidos dos bezerros e ao cheiro
        [de raiz-forte das mulas
Depois de uma pausa curta nós partimos de novo rumo
        [às montanhas ocultas na noite
O espetáculo dos céus é magnífico e aos poucos eu me
        [acostumo ao desconfortável veículo
O carro de bois
Minha rota me conduz por um caminho escarpado ao longo
        [da montanha de onde eu diviso uma magnífica paisagem

De tous côtés de pentes ravagées d'énormes fruits jaunes
Dans le fond des vallées la chaleur intense fait se lever
        [un brouillard poussiéreux
Deux rivières serpentent au loin
Nous sommes maintenant au milieu de mars
La chaleur est accablante
Les corneilles les anous la basse-cour tous les oiseaux se mettent
        [à l'ombre le bec ouvert et les ailes écartées
Étendu sur ma chaise longue avec un tricot fin sans manches
        [et le plus léger des pantalons de pyjama
Je fume encore un chéroot et pense bêtement à l'amour

La route de Prata via Casabranca et S. João da Boa Vista court
        [à travers une contrée plate comme une table
Au mois d'août la sécheresse n'avait pas encore été tempérée
        [par les pluies qui tombent d'habitude en juin et septembre
Çà et là cependant des touffes d'herbes vertes contrastaient avec
        [le fond brûlé du sol et l'on voyait des îlots de campagne
        [qui attiraient les yeux autant que l'imagination

Por todo lado ribanceiras escalavradas enormes frutas amarelas
No fundo dos vales o calor intenso faz subir
[um nevoeiro poeirento
Dois rios serpenteiam ao longe
Estamos agora no meio de março
O calor é de matar
As gralhas os anus as aves de criação todos os pássaros
[buscam a sombra de bico aberto e asas erguidas
Refestelado na espreguiçadeira com uma malha fina
[sem mangas e as calças de pijama mais leves
Continuo a fumar um charuto e a pensar bestamente no amor

O Caminho da Prata via Casa Branca e São João da Boa Vista
[corre por uma região plana como uma mesa
No mês de agosto a seca ainda não fora temperada pelas
[chuvas que costumam cair entre junho e setembro
Mesmo assim cá e lá alguns tufos de capim verde contrastavam
[com o fundo de terra queimada e se viam ilhotas de campo
[que atraíam tanto os olhos como a imaginação

V. DES HOMMES SONT VENUS

Scruter le sol et son architecture
Savoir comment les météores y ont mis en valeur des aspérités
        [ou buriné des cannelures pour percevoir sur quels points
        [de sa surface les hommes ont été particulièrement attirés
Suivant quelles directions ils ont pu circuler
Pour ne plus être esclaves du sol et du climat

On commence à savoir par quel mécanisme la forêt vierge
        [s'est dégradée
Botaniquement transformée en forêt secondaire
Grâce à l'effort de l'homme
Ébranlement qui suffit à rompre l'équilibre instable des essences
        [de lumière à croissance rapide et à bois tendre
Et les essences d'ombre, plus précieuses et lentes à se développer
Les fleuves régularisés
Les marais drainés
Les lacs convertis en champs
Les fourrés aménagés en labours
Les clairières élargies en labours
Tout le paysage contemporain succède à un paysage antérieur
        [et présente l'image des destructions

Sylves amazoniennes
Premières impressions
Fécondités inépuisables
La terre est chaude d'une chaleur moite d'être vivant
Fermentations incessantes
Mille putridités fécondes
Puis le jugement se trouve révisé
Le sol y est pauvre
Maigre sable ou argile ou roche

V. VIERAM OS HOMENS

Escrutar o solo e sua arquitetura
Saber como os meteoros ressaltaram suas asperezas
      [ou escavaram caneluras e assim averiguar por quais pontos
      [da superfície os homens se sentiram especialmente atraídos
Por quais caminhos eles puderam circular
Para não serem mais escravos do solo e do clima

Começa-se então a saber por quais mecanismos a floresta
      [virgem se degradou
Botanicamente transformada em floresta secundária
Graças ao esforço do homem
Abalo suficiente para romper o equilíbrio instável das árvores
      [de luz de crescimento rápido e madeira macia
E das árvores de sombra, mais preciosas e lentas para crescer
Os rios retificados
Os brejos drenados
Os lagos convertidos em campos
Os cerrados transformados em lavouras
As clareiras abertas para as lavouras
Toda paisagem contemporânea sucede a uma paisagem anterior
      [e expõe a imagem das devastações

Silvas amazônicas
Primeiras impressões
Fecundidades inesgotáveis
A terra é quente de um calor úmido de ser vivo
Fermentações incessantes
Mil putrefações fecundas
Depois é preciso rever as ideias
O solo é pobre
Magra areia ou argila ou rocha

Revêtement assez mince de terre arable
Dès qu'on déboise les pluies l'emportent aisément
Désert habillé de verdures
Au fond une nature végétale sans sourire pour l'homme et point
        [de ressources accessoires
Gibier peu abondant et de grande résistance physique
L'élevage laissé aux soins du bétail lui-même
Petit bétail d'ailleurs et de chair maigre coriace de mauvais goût
        [guetté par les maladies contagieuses
Quelques minces champs de manioc dans des clairières trop rares
Les produits spontanés de la brousse les tubercules qu'on déterre
        [renferment soit de glucosides soit des cyanhydriques et
        [nécessitent toute une série de préparations pour pouvoir
        [être utilisés tant bien que mal
La seule prodigalité de la nature ce sont les chenilles les limaces
        [les grenouilles et ces insectes surtout fourmis termites
        [sauterelles papillons dont nous ne pouvons imaginer en
        [Europe l'invincible ténacité ni le grouillement perpétuel
Avides dévorants indomptables

Pas de village proprement dit
Des huttes basses faites de branches en forme de treillage et
        [recouvertes de larges feuilles
À côté de chaque case une claie pour le boucanage de la viande
Pas de cultures ni d'élevage
Pas de poulets ni de cabris
Comme nourriture le gibier avec une alimentation végétale
Le manioc le miel
Et les vers

Culture à la houe
Et pas de travail profond du sol
Le mamalucos gratte
Il trace des sillons peu creusés ou accumule la terre en petits
        [remblais sur le sommet desquels il sème
Il n'a point d'animaux pour l'aider

Revestimento muito tênue de terra arável
Uma vez desmatado as chuvas levam tudo sem esforço
Deserto vestido de verde
No fundo uma natureza vegetal sem sorrisos para o homem
        [e sem nenhum recurso acessório
Caça pouco abundante e de grande resistência física
Pecuária entregue aos cuidados do próprio gado
De resto gado miúdo e de carne magra coriácea de gosto ruim
        [à mercê das doenças contagiosas
Alguns pequenos campos de mandioca em raríssimas clareiras
Os produtos espontâneos do matagal os tubérculos
        [desenterrados contêm seja glucosídeos seja cianídricos
        [e exigem toda uma série de preparos para que sejam
        [bem ou mal aproveitados
A única prodigalidade da natureza são as lagartas as sanguessugas
        [as rãs e esses insetos sobretudo formigas térmites grilos
        [borboletas de invencível tenacidade e de proliferação
        [perpétua que nós na Europa mal temos como imaginar
Ávidos devoradores indomáveis

Nenhuma aldeia propriamente dita
Cabanas baixas feitas de galhos entrelaçados e
        [recobertos de folhas largas
Ao lado de cada casa uma grelha de madeira para moquear a carne
Nada de lavoura ou criação
Nada de galinha ou cabrito
Como dieta a caça e uma alimentação vegetal
A mandioca o mel
E os vermes

Lavoura à enxada
E nenhum trabalho profundo do solo
O mameluco arranha
Traça sulcos pouco profundos ou junta a terra em
        [montículos em cujo ápice deita a semente
Não tem animais para ajudá-lo

Il n'a point non plus d'engrais à sa disposition ni de fumier
Sa pauvre agriculture est une agriculture épuisante par surcroît
C'est pourquoi il pratique le brûlis des campos en juin en août
On brûle on abat de grands arbres on sème des graines quelconques
Sans sélections sans préparation ni choix
Ils travaillent accroupis au ras du sol qu'ils nettoient et remuent
        [attentivement
Car la terre est une matière précieuse qu'il ne faut pas laisser
        [enfouir sous le sable ou perdre

Le civilisé dirige l'exploitation du monde avec une maîtrise qui
        [va cesser de l'étonner lui-même
Il dissocie
Il désagrège
Sans aucun souci de la nature de chaque région
Il acclimate telle culture
Il proscrit telle plante
Il bouleverse telle économie séculaire
Et nons pas dix fois mais vingt fois cinquante fois en un demi-siècle
Parce qu'il est mené lui-même par la grande meneuse
        [qui domine tout
La grande industrie moderne de type capitaliste qui demande
        [des produits des matières premières des plantes
        [des animaux à broyer à triturer à transformer
Inlassablement et sans trève

Ceylan
Jadis traditionnellement séculairement l'île de la cannelle et des
        [cardamones, le grand pays des épices
La culture des épices ayant cessé d'être rémunératrice Ceylan
        [devient l'île du café
Mais l'homme établit la culture en grand du café au Brésil Saint-Paul
        [prend une extension formidable et Ceylan abandonne
        [la culture de café pour le thé
Également se poursuivent des essais d'acclimatation de l'hévéa
        [du Brésil

Tampouco tem adubo à disposição ou mesmo esterco
Sua pobre agricultura é ainda por cima uma agricultura que exaure
É por isso que pratica a queimada dos campos em junho em agosto
Queima derruba grandes árvores semeia a semente que houver
Sem seleção sem preparação nem opção
Todos trabalham acocorados rente ao solo que limpam
     [e remexem com atenção
Pois a terra é uma matéria preciosa que não se pode deixar
     [fugir ou perder em meio à areia

O civilizado dirige a exploração do mundo com uma mestria
     [que não para de pasmá-lo
Ele dissocia
Ele desagrega
Sem nenhuma atenção à natureza de cada região
Ele aclimata tal cultura
Ele proscreve tal planta
Ele transtorna tal economia secular
E não dez vezes mas vinte vezes cinquenta vezes em meio século
Pois ele mesmo é conduzido pela grande guia
     [que domina tudo
A grande indústria moderna de tipo capitalista que
     [exige produtos matérias-primas plantas
     [animais para esmigalhar triturar transformar
Incansavelmente e sem trégua

Ceilão
Outrora tradicionalmente secularmente a ilha da canela
     [e dos cardamomos, o grande país das especiarias
Como o cultivo das especiarias deixou de ser vantajoso
     [o Ceilão torna-se a ilha do café
Mas o homem implanta o cultivo extensivo do café no Brasil
     [São Paulo abre uma área formidável e o Ceilão
     [abandona a cultura do café e passa ao chá
Simultaneamente conduzem-se ensaios de aclimatação da
     [hévea do Brasil

Après les tâtonnements obligatoires ils donnent des résultats
     [excellents
Et le caoutchouc étant bien plus rémunérateur que le thé
     [Ceylan devient l'île du caoutchouc
À tel point
Que la culture de l'hévéa a dû presque être abandonnée dans
     [son pays d'origine
Dans l'Amérique du Sud
Dans les forêt du Pérou notamment qui n'en produisent
     [presque plus
Tout comme elles cessent d'alimenter le monde en quinquina
     [depuis que le quinquina a conquis Java
Et ce n'est pas fini
Demain peut-être Ceylan sera l'île du coton
Et après demain?

Após os desacertos inevitáveis os resultados são excelentes
E uma vez que a borracha é bem mais vantajosa que o chá
    [o Ceilão torna-se a ilha da borracha
A tal ponto
Que o cultivo de hévea quase teve de ser abandonado
    [em seu país de origem
Na América do Sul
Nas florestas do Peru em especial que já não produzem
    [quase nada
Assim como vão deixando de fornecer quinino ao mundo
    [agora que a quinino conquistou Java
E a coisa não para aí
Amanhã talvez o Ceilão seja a ilha do algodão
E depois de amanhã?

VII. LE *GELRIA*

Voyageurs

Depuis la guerre les voyageurs qui se déplacent le plus
Sont banquiers ou allemands

Change

Aujourd'hui
Même l'argent vous apprend à rire et c'est bien rigolo
      [d'avoir travaillé et d'en avoir gagné
D'avoir fait des calculs et des projets
Et de voir tout à coup
Francs mille-reis livres sterling florins pesetas valoir tant et tant
      [que l'on n'arrive même plus à payer ses dépenses du bord
À la fin c'est le commissaire qui devra m'avancer de l'argent pour
      [que je puisse donner tous les pourboires au personnel
Et rentrer à Paris toucher mes lettres de crédit
On ne sait plus combien on arrive à dépenser ni à recevoir

Popularité

Passage de la ligne
Je me suis encore habillé en femme
J'ai gagné le premier pris pour hommes
Je suis maintenant l'homme le plus populaire du bateau

VII. O *GELRIA*

Viajantes

Desde a guerra os viajantes que mais se deslocam
São banqueiros ou alemães

Câmbio

Hoje em dia
Até o dinheiro dá vontade de rir e é bem engraçado ter
        [trabalhado e ganhado alguma coisa
Ter feito cálculos e projetos
E ver de uma hora para outra
Que francos mil-réis libras esterlinas florins pesetas valem tão
        [pouco que não há nem como pagar as despesas a bordo
No final das contas o agente de câmbio terá de me adiantar o dinheiro
        [para que eu possa dar todas as gorjetas ao pessoal de bordo
Antes de chegar a Paris e sacar minhas letras de crédito
Já não se sabe o que há nem para gastar nem por receber

Popularidade

Passagem da linha
Voltei a me vestir de mulher
Fiquei em primeiro lugar entre os homens
Agora sou o homem mais popular do navio

T. S. F.

Je télégraphie à Paris
J'annonce mon arrivée
Je suis triste à mourir
Et bête à pleurer

T. S. F.

Mando um telegrama para Paris
Anuncio minha chegada
Estou triste que é de morrer
E besta que é de chorar

EN MARGE DE
FEUILLES DE ROUTE

?

Ma belle intelligence
Où t'en es-tu allée
Je ne suis pas un ange
Je ne suis plus ailé

Mon coeur en chair de poule
Frissonne et puis s'éteint
Ma tête est comme une boule
Et mon oeil est éteint

Je suis tout déplumé
Je ne ronge plus ma cage
Les hivers les étés
Tombent avec mon plumage

Soleil Ô poumon noir
Tu pourris dans un coin
Je reste sur mon perchoir
Et vais crever de faim

J'ai la gale et mes ailes
Ne sont plus que moignons
Et puent comme du fiel
Puent comme un troufignon

À MARGEM DE
DIÁRIO DE BORDO

?

Minha bela inteligência
Já não andas ao meu lado
Perdi toda a inocência
Também não sou mais alado

Meu coração degringola
Se cala e desaparece
Minha cabeça é uma bola
E o olho se desvanece

Ando todo desplumado
E nem roo mais as grades
Invernos verões são pesados
Baixam na minha plumagem

Vem o sol! Um pulmão negro
que todo apodrece num canto
Quietinho no meu poleiro
Só como de vez em quando

Das minhas asas sarnentas
Não restam mais que dois tocos
São batatas fedorentas
Que apodrecem pouco a pouco

Je grelotte et m'ébroue
Et n'en ai nulle envie
Les arbres aussi secouent
Ce qui leur reste de vie

Aujourd'hui l'univers
Descend comme une taie
Entre l'oeil et la paupière
J'y vois, je suis maté

Alors tout à coup avec colère je me souviens
        [d'avoir survolé les grandes charognes
Du plus haut des airs
Mon oeil impérissable n'a jamais vu que
        [les plus grandes charognes
Merci
Je suis rassasié

St Paul,
Mai 1924

Eu tremo e o corpo se agita
Sem guardar nenhum desejo
No bosque o verde palpita
E a morte faz seu cortejo

Sobre a vista já cansada
Desce o mundo, o mundo todo
Feito uma fronha enfadada
Eu vejo e me sinto roto

Então de repente com raiva eu me lembro
      [de ter sobrevoado grandes carniças
Do mais alto do céu
Minhas retinas tão fatigadas jamais viram
      [carniças tão grandes assim
Obrigado
Estou satisfeito

São Paulo
maio de 1924

Aux jeunes gens de Catacazes

Tango vient de tanguer
Et jazz vient de jazzer
Qu'importe l'étymologie
Si ce petit klaxon m'amuse?

Rio, 9 novembre 1927.

Petit poème à mettre en musique

Tango vient de tanguer
Et de jaser vient jazz
Qu'importe l'étymologie
Si ce petit klaxon m'amuse.

Klaxon

Jazz vient de tanguer
Et de jaser tango
Qu'importe l'étymologie
Si ce petit Klaxon m'amuse

Aos jovens de Cataguases[18]

Tango vem de tanger
E samba vem de sambar
Que importa a etimologia
Se klaxon é uma alegria?

Rio, 9 de novembro de 1927.

Poeminha para musicar[19]

Tango vem de tanger
E de sambar vem o samba
Que importa a etimologia
Se klaxon é uma alegria.

Klaxon[20]

Samba vem de tanger
E de sambar vem o tango
Que importa a etimologia
Se Klaxon é uma alegria

Notas

Em 12 de janeiro de 1924, quando embarcou no *Le Formose* rumo ao Brasil, a convite de Paulo Prado, Blaise Cendrars julgava ter deixado a poesia para trás. Depois de *Au Cœur du monde*, (1919) e *Kodak* (1924), dedicara o essencial de suas energias a outros projetos, sobretudo cinematográficos, com destaque negativo para o fracasso de uma experiência como diretor — o filme *La Vénus noire*, de 1921, do qual não restou nenhuma cópia. Contudo, ao longo dos meses que passou no Brasil — entre 6 de fevereiro e 19 de agosto, datas de sua chegada a Santos e de sua partida do mesmo porto —, Cendrars foi concebendo um ambicioso projeto de anotação poética de suas experiências de viagem e de descoberta. *Feuilles de route*, que aqui traduzimos por *Diário de bordo*, deveria somar sete pequenos volumes, sete plaquetes, cujos títulos seriam:

    I. Le *Formose*
    II. São Paulo
    III. Le Carnaval à Rio/Les Vieilles Églises de Minas
    IV. À la Fazenda
    V. Des Hommes sont venus
    VI. Sud-Américaines
    VII. Le *Gelria*

Dessas sete plaquetes, apenas a primeira viria a ser publicada nesse formato. *Feuilles de route — I. Le Formose* saiu em 1924 pela editora parisiense Au Sans Pareil, ilustrada com desenhos de Tarsila do Amaral.

Cinco dos poemas que ora integram a segunda parte desta edição foram incluídos sob o título "São Paulo" no catálogo da exposição de Tarsila na galeria Percier, em junho de 1926. Mais tarde, Cendrars fundiu-os (juntamente com o até então inédito "Os ruídos da cidade") em um poema único, "Poème à la gloire de São Paulo", incluído em seu livro em colaboração com o fotógrafo Jean Manzon, *Le Brésil* (1952). Os demais poemas destinados a essa parte permaneceram inéditos em vida do autor e são reproduzidos aqui a partir da página 160.

A terceira leva de poemas publicados pelo autor saiu nos números 49 (fevereiro-março de 1927) e 51 (maio-junho de 1928) da revista *Montparnasse*. Em nossa versão, que segue as edições francesas mais recentes (ver abaixo), esses poemas aparecem designados como parte III de *Diário de bordo*; por seu tema, porém, pertenceriam antes à parte VII do projeto original. Cendrars não chegou a escrever nenhum poema sobre "O Carnaval no Rio/As velhas igrejas de Minas".

A sexta seção do projeto original, , *Sud-Américaines*, terminou por sair na revista *Les Feuilles libres*, em seu número 44 (novembro-dezembro de 1926); o segundo poema da série, porém, já saíra no primeiro número da revista *Le Radeau* (31 de janeiro de 1925).

Os poemas da quarta parte foram publicados apenas postumamente; e o título da quinta parte, *Des Hommes sont venus*, foi reaproveitado por Cendrars como subtítulo do já citado *Le Brésil*.

Os poemas inéditos encontram-se no dossiê *Feuilles de route* depositado nos Archives Littéraires Suisses de Berna. O primeiro, "Os ruídos da cidade", foi inserido em outro mais longo, "Poème à la gloire de Saint-Paul", publicado em *Le Brésil*; e os três poemas finais saíram em revistas da época (ver mais abaixo).

Cendrars republicou e remanejou diversos desses poemas ao longo de sua vida. Para esta edição, usamos o texto estabelecido por Claude Leroy para o volume I das *Oeuvres complètes* (Paris: Denoël, 2001) e para as *Poésies complètes*, incluídas no volume I da edição das *Oeuvres romanesques* na coleção Bibliothèque de la Pléiade (Paris: Gallimard, 2017).

1. No terceiro verso da sexta estrofe, ao enumerar as partes do corpo, Cendrars se permite uma liberdade tipográfica para criar um efeito de elipse salaz e brincalhona, omitindo o substantivo que normalmente acompanharia o artigo: "La main la jambe *Le* l'oeil" (grifo nosso) ou, em nossa versão, "A mão a perna o... o olho".

2. O poema joga com a homofonia do porto de La Pallice, perto de La Rochelle, e o senhor De la Pallice (1470-1525), morto na batalha de Pavia. Personagem de uma cançoneta célebre, "*Un quart d'heure avant sa mort/Il était encore en vie*", o militar terminou por emprestar seu nome ao termo *lapalissade*, que designa uma verdade evidente e trivial — a que aludimos por meio de "platitudes".

3. Alusão à "Carta-Oceano" de Apollinaire, recolhida em seus *Calligrammes* de 1918.

4. Cendrars faz menção a diversos itens de sua produção daqueles anos: os romances *Moravagine* e *Le Plan de l'aiguille*; o libreto do balé *Après-dîner*, que os Ballets suédois não chegarão a levar adiante; o livro (abandonado) de poemas *Au Coeur du monde*; o romance *En Equatoria*, que não passou da fase de projeto; e o segundo volume da *Anthologie nègre* (o primeiro data de 1921), que não chegou a sair, mas terminou por gerar dois volumes, *Petits contes nègres pour les enfants des Blancs* (1928) e *Comment les Blancs sont d'anciens Noirs* (1930).

5. "Western" remete à Western Telegraph Company, empresa britânica que oferecia serviços telegráficos entre o Brasil e diversos países.

6. O Pot au Noir é o termo náutico tradicional — e de origem obscura — que designa uma zona de convergência intertropical no Atlântico Sul. Por suas condições meteorológicas de difícil previsão — com direito a altas temperaturas e longas calmarias —, converteu-se em objeto de apreensão entre navegadores. O "gato de nove rabos" é um instrumento de punição, um açoite de nove pontas, dotado de nós e por vezes de ganchos de metal.

7. Como acontecia com os poemas-colagens de seu livro *Kodak*, diversos poemas de *Le Formose* são colagens — no caso, a partir do livro de viagens do naturalista Auguste de Saint--Hilaire, *Voyage dans les provinces de Saint-Paul et Sainte-Catherine* (1851). São eles: "Pedro Álvarez Cabral", "No trem", "Paranapiacaba", "Clareiras", "Piratininga", "Botânica" e "Ignorância".

8. A "rebelião dos fortes" faz menção ao levante no forte de Copacabana, em 5 de julho de 1922.

9. A "Exposição" de que fala o poema é a Exposição Universal do Rio de Janeiro, em 1922, que celebrava cem anos de independência brasileira.

10. Ao final do texto, Cendrars alude a uma canção de sucesso na voz de Maurice Chevalier, *"Monte là-dessus... Monte là-dessus... Et tu verras Montmartre..."*. Não é impossível que a alusão fizesse eco, no espírito de Cendrars, também ao estribilho de sua *Prose du Transsibérien et de la petite Jehanne de France* (1913): *"[...] sommes-nous bien loin de Montmartre?"*.

11. Cendrars alude a um círculo de amigos e colegas próximos: o escritor Jean Cocteau, o compositor Erik Satie, o pintor Fernand Léger, a mecenas chilena Eugenia Errázuriz, o ator Marcel Lévesque, o pintor Francis Picabia e sua companheira Germaine Everling, o diretor de cinema Abel Gance. "Mariette" talvez seja Marcelle, esposa de René Hilsum, editor de Au Sans Pareil — uma vez que Cendrars lhe dá esse nome em *Une nuit dans la forêt* (1929). Não se sabe quem sejam Sanders e o Gascão.

12. "Caloric Cy." remete à norte--americana Caloric Company, fornecedora de petróleo nos estado de São Paulo.

13. Cendrars se refere no terceiro verso ao levante paulista de 1924, liderado pelo general Isidoro Dias Lopes; durante os combates, o poeta refugiou-se na fazenda Santa Veridiana, propriedade de Paulo Prado — onde, entre outras coisas, escreveu os poemas de "Sul-Americanas".

14. Novo poema-colagem, desta vez a partir de *Sous la Croix du Sud* (Paris: Plon, 1912), obra de Luís de Orléans e Bragança, neto de Pedro II e segundo filho da princesa Isabel.

15. O Saco de Carvão é uma nebulosa escura, visível a olho nu no hemisfério Sul.

16. O poema remete à American Petroleum Co. e à Caloric Company, empresas norte-americanas responsáveis por refinarias de petróleo em Pernambuco.

17. Adrienne Lecouvreur (1692-1730) foi uma atriz da Comédie Française e notabilizou-se como intérprete de Corneille e Racine. O gesto sarcástico de associar Cocteau a uma atriz e a um macaco é prenúncio da ruptura entre os dois escritores.

As três peças seguintes, escritas por ocasião da terceira e última viagem de Cendrars ao Brasil, são pequenas joias do poema de circunstância. O primeiro, escrito a pedido do grupo da revista *Verde* (1927-1929), de Cataguases, brinca com o nome de outra revista central do Modernismo, a paulista *Klaxon* (1922-1923), e dispara as variações que se leem nos dois poemas seguintes. Os três textos brincam igualmente com a etimologia fantasiosa que faz o tango provir do

verbo francês *tanguer* ("jogar, balançar", no sentido náutico), e o jazz, de outro verbo francês, *jaser* ("conversar, papear"). Com a liberdade a que os poemas convidam ("que importa a etimologia"?), transformarmos o francês *tanguer* no português *tanger*, de olho em sua acepção musical; e nos permitimos substituir o jazz, que começava a causar furor na Europa da década de 1920, pelo samba, isto é, por outra das "músicas negras" das Américas que mudariam a paisagem musical do século XX. A troca, de quebra, nos permitiu passar ao largo do português *jazer*, de sentido pouco festivo. Por fim, e ainda a propósito do samba, vale lembrar que a última viagem brasileira de Cendrars coincide com o período em que o samba carioca começa sua transição do "samba de dançar", próximo do maxixe, rumo ao "samba de sambar".

18. Este poema foi publicado no número 3 (novembro de 1927) da revista *Verde*, por ocasião da terceira viagem de Cendrars ao Brasil.

19. Variação sobre o poema anterior, publicada no primeiro número da revista *Tambour* (1929).

20. Nova variação, integrada aos "Poèmes dictés par téléphone", publicados no número 2 (primavera de 1929) da revista *Orbes*.

Fábula: do verbo latino *fari*, "falar", como a sugerir que a fabulação é extensão natural da fala e, assim, tão elementar, diversa e escapadiça quanto esta; donde também falatório, rumor, diz que diz, mas também enredo, trama completa do que se tem para contar (*acta est fabula*, diziam mais uma vez os latinos, para pôr fim a uma encenação teatral); "narração inventada e composta de sucessos que nem são verdadeiros, nem verossímeis, mas com curiosa novidade admiráveis", define o padre Bluteau em seu *Vocabulário português e latino*; história para a infância, fora da medida da verdade, mas também história de deuses, heróis, gigantes, grei desmedida por definição; história sobre animais, para boi dormir, mas mesmo então todo cuidado é pouco, pois há sempre um lobo escondido (*lupus in fabula*) e, na verdade, "é de ti que trata a fábula", como adverte Horácio; patranha, prodígio, patrimônio; conto de intenção moral, mentira deslavada ou quem sabe apenas "mentirada gentil do que me falta", suspira Mário de Andrade em "Louvação da tarde"; início, como quer Valéry ao dizer, em diapasão bíblico, que "no início era a fábula"; ou destino, como quer Cortázar ao insinuar, no *Jogo da amarelinha*, que "tudo é escritura, quer dizer, fábula"; fábula dos poetas, das crianças, dos antigos, mas também dos filósofos, como sabe o Descartes do *Discurso do método* ("uma fábula") ou o Descartes do retrato que lhe pinta J. B. Weenix em 1647, segurando um calhamaço onde se entrelê um espantoso *Mundus est fabula*; ficção, não ficção e assim infinitamente; prosa, poesia, pensamento.

PROJETO EDITORIAL Samuel Titan Jr. / PROJETO GRÁFICO Raul Loureiro

Sobre o autor

Blaise Cendrars, pseudônimo de Frédéric Louis Sauser, nasceu em 1 de setembro de 1887 em La Chaux-de-Fonds, Suíça.

Sua vida foi aventurosa. Em 1904, aos 17 anos, viajou à Rússia e viveu até 1907 em São Petersburgo, onde testemunhou a efervescência revolucionária, trabalhou como aprendiz de relojoeiro e começou a escrever. Depois de breve passagem por Paris, Cendrars partiu no final de 1911 rumo a Nova York, entre outras coisas para reencontrar a estudante polonesa Féla Poznánska, com quem se casaria e teria dois filhos e uma filha. Na metrópole americana, Cendrars escreveu seu primeiro poema longo, *Les Pâques à New York*, obra que inaugurou sua breve e fulgurante carreira como poeta; o texto marca também a aparição de "Blaise Cendrars", pseudônimo alusivo à figura da fênix em que ressaltam a brasa (*braise*) e as cinzas (*cendres*).

De volta a Paris em 1912, Cendrars publicou *Pâques*, seguido em 1913 por um segundo poema longo, *Prose du Transsibérien et de la petite Jeanne de France* como livro simultâneo, em que o texto é acompanhado e permeado pela obra visual de Sonia Delaunay; ao mesmo tempo, travava relações com as vanguardas francesas: Modigliani, Chagall, Léger, Kisling, entre outros. Quando da eclosão da Primeira Guerra Mundial, Cendrars alistou-se na Legião Estrangeira e distinguiu-se em combate; em 28 de setembro de 1915, contudo, foi gravemente ferido durante uma ofensiva na região de Champagne e teve o braço direito amputado acima do cotovelo. Desmobilizado e naturalizado francês, Cendrars passou todo um ano sem escrever, só retornando ao trabalho literário no final de 1916 quando reaprendeu a escrever com a mão esquerda. Publicou então, em rápida sequência, *La Guerre au Luxembourg* (1916), *J'ai tué* e *Le Panama ou les aventures de mes sept oncles* (ambos em 1917), *Dix-neuf poèmes élastiques* e *La Fin du monde filmée par l'Ange N.-D.* (ambos de 1919).

No começo da década seguinte, Cendrars começou a tomar alguma distância de Paris e das novas vanguardas dadaístas e surrealistas. Depois de tentativas de entrar no mundo do cinema, primeiro como assistente de Abel Gance e depois como diretor de um filme hoje perdido (*La Vénus noire*), passou a explorar novos territórios literários: compilou uma antologia de contos populares africanos (*Anthologie nègre*, 1921); tirou de um desses relatos a matéria para o libreto *La Création du monde*, montado em 1923 pelos Ballets Suédois com música de Milhaud e cenários e figurinos de Léger; e partiu em janeiro de 1924, convidado por Oswald de Andrade e Paulo Prado, rumo ao Brasil, onde ficaria até agosto do mesmo ano, em intenso convívio com os grupos modernistas locais. As impressões dessa viagem pelo país — que mais tarde chamaria de sua "segunda pátria espiritual" — frutificaram no projeto de *Feuilles de route*, sete plaquetes de poemas "brasileiros", do qual só a primeira (*Le Formose*) chegou a sair em livro, publicado em 1924 pela editora parisiense Au Sans Pareil — a mesma que, um ano depois, publicaria *Pau-Brasil*, estreia de Oswald de Andrade como poeta. Cendrars voltaria mais duas vezes ao Brasil, em 1926 e em 1927-1928, e colheria inspiração em suas experiências brasileiras para diversos textos poéticos e prosaicos.

O retorno a Paris em 1924 foi também a ocasião de uma virada drástica em sua carreira literária. Agora são os romances de aventura que se sucedem: *L'Or* (1925) foi escrito em poucas semanas e abriu o caminho para *Moravagine* (1926), *Dan Yack* (1929). A escrita romanesca, por sua vez, levou Cendrars ao jornalismo, que praticou ao longo de toda a década seguinte e mesmo ao início da Segunda Guerra Mundial, quando se engajou como correspondente junto ao exército inglês. A derrota vertiginosa foi um duro golpe para o autor, que se retirou para Aix-en-Provence, onde passou toda a guerra, sem escrever nada durante três anos. Por volta de 1943, voltou a produzir: em 1944, seus *Poemas completos* saíram pela editora Denoël, e no ano seguinte teve início a publicação de suas "memórias que são memórias sem serem memórias": *L'Homme foudroyé* (1945), *La Main coupée* (1946), *Bourlinguer* (1948), *Le Lotissement du ciel* (1949).

Em 1950, Cendrars voltou a se instalar em Paris, onde colaborou com frequência com a rádio francesa, ao mesmo tempo que escrevia sua última obra, o romance *Emmène-moi au bout du monde!*, publicado em 1956. No mesmo ano, sofreu a primeira das hemorragias cerebrais que o levariam; uma segunda se produziria dois anos depois. Em 1959, pressentindo o pior, André Malraux, então ministro da Cultura, condecorou Cendrars com a Legião de Honra; no mesmo ano, o escritor converteu-se ao catolicismo a fim de poder esposar a atriz Raymone Duchâteau (1896-1986), musa e companheira ao longo de uma relação fervorosa e instável, que tivera início em 1917.

Blaise Cendrars morreu em Paris, em 21 de janeiro de 1961.

Sobre o tradutor

Samuel Titan Jr. nasceu em Belém, em 1970. Estudou Filosofia na Universidade de São Paulo, onde leciona Teoria Literária e Literatura Comparada desde 2005. Editor e tradutor, organizou com Davi Arrigucci Jr. uma antologia de Erich Auerbach (*Ensaios de literatura ocidental*) e assinou versões para o português de autores como Adolfo Bioy Casares (*A invenção de Morel*), Charles Baudelaire (*O Spleen de Paris*), Gustave Flaubert (*Três contos*, em colaboração com Milton Hatoum), Jean Giono (*O homem que plantava árvores*, em colaboração com Cecília Ciscato), Voltaire (*Cândido ou o otimismo*), Prosper Mérimée (*Carmen*), Eliot Weinberger (*As estrelas*) e José Revueltas (*A gaiola*).

Sobre este livro

Diário de bordo, São Paulo, Editora 34, 2022 TÍTULO ORIGINAL *Feuilles de route* © 1947, 1963, 2001, 2005 Éditions Denöel TRADUÇÃO © Samuel Titan Jr., 2022 PREPARAÇÃO Andressa Veronesi REVISÃO Rafaela Biff Cera PROJETO GRÁFICO Raul Loureiro IMAGEM DE CAPA "A negra" (1923), Tarsila do Amaral © Tarsila do Amaral Licenciamento e Empreendimentos Ltds., 2022 ESTA EDIÇÃO © Editora34 Ltda., São Paulo; 1ª edição, 2022. A reprodução de qualquer folha deste livro é ilegal e configura apropriação indevida dos direitos intelectuais e patrimoniais do autor. A grafia foi atualizada segundo o Acordo Ortográfico da Língua Portuguesa de 1990, que entrou em vigor no Brasil em 2009.

O tradutor agradece as preciosas sugestões de Eucanaã Ferraz e Carlos Augusto Calil.

CIP — Brasil. Catalogação-na-Fonte
(Sindicato Nacional dos Editores de Livros, RJ, Brasil)

Cendrars, Blaise, 1887-1961
Diário de bordo / Blaise Cendrars;
tradução de Samuel Titan Jr. — São Paulo:
Editora 34, 2022 (1ª Edição).
208 p.   (Coleção Fábula)

Texto bilíngue, português e francês

ISBN 978-65-5525-100-5

1. Poesia francesa. 2. Modernismo.
I. Titan Jr., Samuel. II. Título. III. Série.

CDD-841

TIPOLOGIA Filosofia PAPEL Pólen Soft 80 g/m²
IMPRESSÃO Edições Loyola, em março de 2022 TIRAGEM 3 000

AMBASSADE DE FRANCE AU BRÉSIL
Liberté
Égalité
Fraternité

INSTITUT FRANÇAIS

Cet ouvrage a bénéficié du soutien des Programmes d'aide à la publication de l'Institut français.

Esta obra contou com o auxílio dos Programas de Apoio à Publicação do Institut Français.

Editora 34

Editora 34 Ltda. Rua Hungria, 592
Jardim Europa CEP 01455-000
São Paulo — SP Brasil
tel/fax (11) 3811-6777
www.editora34.com.br